让阅读

自然发生

小学语文自然阅读教学的理论与实践研究

冯永 ◎编著

中国出版集团 现代出版社

图书在版编目(CIP)数据

让阅读自然发生：小学语文自然阅读教学的理论与实践研究 / 冯永编著. — 北京：现代出版社，2021.3

ISBN 978-7-5143-9127-5

Ⅰ.①让… Ⅱ.①冯… Ⅲ.①阅读课—教学研究—小学 Ⅳ.①G623.232

中国版本图书馆CIP数据核字（2021）第053385号

让阅读自然发生：小学语文自然阅读教学的理论与实践研究

作　者	冯永
责任编辑	窦艳秋
出版发行	现代出版社
地　址	北京市安定门外安华里504号
邮政编码	100011
电　话	010-64267325　64245264
网　址	www.1980xd.com
电子邮箱	xiandai@cnpitc.com.cn
印　制	北京政采印刷服务有限公司
开　本	710mm×1000mm　1/16
印　张	10
字　数	160千
版　次	2022年4月第1版　2022年4月第1次印刷
书　号	ISBN 978-7-5143-9127-5
定　价	45.00元

序 言
PREFACE

　　诗云："问渠那得清如许？为有源头活水来。""读书破万卷，下笔如有神。"阅读是积蓄无限力量的途径，乐于求知的人，从中获得真知。这种汲取知识的关键途径，为学生的发展带来无限可能。我国义务教育阶段语文课程标准与国际教育测评都表现出对学生阅读能力发展的关注。

　　《义务教育语文课程标准（2011年版）》的总体目标中，要求学生具备独立阅读的能力，掌握并能应用多种阅读方法，阅读方法和策略的重要性不言而喻，阅读素养也需要被关注。阅读素养亦是学生必备的素养，它是所有学科学习的基础，对学生创造性和个人发展有重要的价值，也是国家社会文明与综合国力的重要标志。阅读素养要从小学开始逐渐培养，方能为学生日后的发展奠定基础。要成为能够适应未来发展需要的人，需要学会阅读，学会不断地从阅读中汲取生命的养料，满足个人在物质和精神层面的需求。

　　由此可见，阅读应是伴随儿童成长的。学校教育中，不同学科对阅读有不同的呈现，语文阅读的方式较为多样，结合语文的学科特点，在阅读语文文本的过程中，要能够在获取语言、知识、情感发展的同时，对信息获取和审辨加工能力有所训练。现阶段的小学语文阅读教学中，常规的阅读教学模式往往限制了阅读的时间和空间，割裂了阅读与儿童生活、自然生活的连接，从而降低了学生的阅读兴趣，制约了学生想象力的发展，滞缓了学生阅读素养的提升。

　　阅读教学应有的样态，应是创设与儿童生活、自然生活相连接的阅读环境，在其中激发学生阅读兴趣，使学生独立思考，充分发挥想象，获得阅读方法，提升阅读素养。深圳市莲南小学提出的"自然阅读教学"为探索小学语文阅读教学领域提供了可贵的经验和较好的示范，它所提倡的是在自然的阅读环境中采用适合学生的方法，促进学生理解与感受多元的阅读材料，从而获得知识、信息和精神上的享受。自然阅读教学亦充分遵从生命的自然本质，依托语文课程，让阅读过程自然发生，逐渐成为儿童的生活方式，成为儿童生命成长不可或缺的一部分，伴随儿童一生。

深圳市莲南小学自然阅读教学的实践探索并不止步于语文学科，它拓宽了小学语文阅读教学的外延，跨越了学科，走向了融合，走向了课堂之外，并融入生活。这是一项具有开拓性的研究，无论是对小学语文阅读教学的发展，还是对学生综合素养的提升均大有裨益。自然教育的文化理念也催生了学校文化的良好生态。从自然阅读教学的行动研究出发，相信莲南小学一定会如莲在南，青泥万蕊，芬芳不已。

应冯永校长之邀，有幸为莲南小学的新成果作序，倍感荣幸。以上感言，是对阅读教育发展的感想，亦是对冯永校长与莲南小学为学生的发展、为教育事业尽心尽力的敬意！

小古文课程首创人　朱文君

2020年8月26日

目 录
CONTENTS

1

第一章

小学语文自然阅读
教学研究源起

第一节　小学语文阅读教学的现状

王荣生老师在《阅读教学设计的要诀》一书中，开篇就指出："语文课程有五个学习领域：识字与写字、阅读、写作、口语交际与综合性学习。中小学教学绝大多数的课时基本都花在阅读教学上，体现在一篇篇课文的教学上。"这无疑说明阅读教学是语文教学的集中表现，是语文教学的重中之重。然而，语文课程中的阅读教学虽已走过一百多年的历程，却并未有多大的改善，在诸多方面存在着各种问题。

从小学生的阅读到小学阅读教学，这不仅是"教"这一个点的问题，还是由学生、课程、教师三个"点"及其衍生的多条线组合而成的"体"。其中涉及的关键词有"小学生""语文教师""课程内容""教学模式""阅读环境"。综合分析，小学语文阅读教学受到应试教育的影响，教学重心在提高成绩上，而关注素质及个人能力培养较少，教学缺乏新方式，阅读教学过于模式化，形式单调，培养语文素养效果有限。然而，把所有阅读教学的问题归为一个原因是不够也不能解决问题的，全国各地的一线教师和语文课程研究者从不同的角度展开过调查、研究，从不同的角度阐述了语文阅读教学的现状，这是普遍的、整体的现状，在不同的学校可能存在下述情况中的某一点或多个点，有相似也有不同，但从整体来看，以下均可作为检视学校阅读教学存在不足的角度（见下表），找到自身的问题后，有针对性地进行改善和提升。

阅读教学问题现状整合一览表

整体	教学模式单一		
分层	学生问题	教师问题	阅读环境问题
1	阅读数量不够	对阅读教学认识不足	阅读空间单一
2	阅读习惯没有养成	教学目标不够明确	课外阅读时间太少
3	缺乏兴趣	教学设计太满	阅读的对象不够丰富
4	想象力发挥受限，缺少独立思考的空间	教学方法单一或运用不灵活	学校教育和家庭教育对阅读文化的渗透比较零散
5	存在阅读心理障碍	忽视了语言积累与阅读理解的结合	—
6	缺少方法指导	缺乏充分合理的引导	—
7	阅读过程被动性强	轻视学生的个性化阅读	—

一、整体教学模式单一

众所周知，语文是小学学习的重要组成部分，阅读是小学语文学习的根本与核心，阅读教学蕴含浓厚的人文色彩、丰富的情感色彩，呈现审美的特点。在小学阅读教学中，无论是教学内容还是教学对象，都是复杂多样的，教学内容以不同文本为载体培养学生的不同阅读能力，阅读教学对象是具有不同生活经验水平、不同个性的小学生。当前的小学语文教学模式仍然较为传统，主要表现出围绕课本、内容单一、缺乏创新，以教师为主体，灌输式教学，互动交流少等现状特点，整体教学过程被动性强。

二、学生阅读量不足

从学生的角度来看，影响阅读教学的因素包括阅读量、阅读兴趣、独立思考、阅读心理和阅读方法。这些因素相互影响，互为因果。第一，识字水平不够理想或其他因素，导致学生的阅读书目受限，阅读量不高。阅读数量不够，阅读习惯无法形成。第二，缺乏阅读兴趣。主动阅读的积极性不高，不仅会影响阅读的数量，还会影响阅读的质量。第三，学生缺少独立思考的空间，思想受限，想象力发挥也受限。例如，阅读思考题的答案应该是与个人理解相关的、多样化的，而不是被固定的标准答案框死，创造型阅读和理解的训练十分缺少。第四，有些学生存在阅读心理障碍，因为惧怕读不好被嘲笑、读错挨批评，自制力差、不会控制和调解自己，而提不起兴趣，甚至排斥阅读这个行为。第五，缺少有效的方法指导。阅读过程中被动性强，跟随老师的节奏，缺乏个性化阅读。

三、教师阅读教学问题多

从教师的角度来看，影响阅读教学的因素包括阅读教学理念与态度、教学目标、教学设计、教学方法和教学指导。

第一，对阅读教学认识不足，态度上不够重视，教学理念不够先进。许多小学语文教师缺乏对阅读教学的理解和投入，对文本的解读不够深入，误以为凭借自身多年的经验和总结就能够解决阅读课堂中所遇到的任何问题，忽略了对具体教材的研读，也没有对具体课本进行深层次的挖掘，对教学内容没有进行根本上的强化和吸收。

第二，教学目标不够明确。阅读教学的目标是促进学生的理解与感受从低层次走向高层次，培养学生的阅读能力。阅读能力与阅读对象有关，因而阅读教学目标应该是培养学生几种核心的阅读能力。不同文体的课文是阅读教学的载体，教师要引导学生对不同文体建立理解与感受，在阅读过程中传输不同的阅读方法帮助学生理解与感受。教材和课程只是工具与实施路径，而不是教学目标，应试教育只是检测阅读的手段，应试的答题技巧也不是最终的教学目标。本来有生命力的文章不应该因为讲解和切割而失去了"血气"，造成学生不忍卒读，也不爱读，更没有从中获得体会与感悟。

第三，教学设计太满。"满"指的是教师的"灌输"，在某种程度上，过满即是亏损，教得太多，学得则少。在教学设计时，只顾及教材内容的完成度，很少安排引导学生的"思学"环节，甚至觉得教的时间都不够；对教学内容不加取舍、不加整合，并且教学过程没有给予学生充分思考及探究的时间和空间，直接讲解，重讲轻读，过于强调知识与技能的灌输，对学生的阅读体验关注过少；缺少情感价值观的培养，也没注意到教学氛围，造成阅读课堂缺乏活力。

第四，教学方法单一或运用不灵活。有些教师只是按照习惯的教学方法，在阅读教学上重复死板地使用，不思考是否适合不同的学生，不思考是否适合不同类型的课程；另一些教师会引用新的教学方法，但只做到了"引"而没有做好"用"，只模仿了"形"而没有继续关注"魂"。例如，小组合作学习是生本教育的重要方法之一，教师引用后虽然展开了分组教学，但没有或者不知道怎样去合作提升学习的效果。

第五，忽视了语言积累与阅读理解的结合。阅读教学的重点是培养学生阅读分析文章的能力，整个教学过程的重心会向阅读理解倾斜，有时忽略了语言积累及运用语言的训练，误以为理解了就会灵活运用了，缺少理解实践前的有效积累，而过分强调字词句的积累；课堂上只是学生根据教师的指令在课文里找表面的信息，缺少理解行为的实践；很少从多个角度去训练和培养深层次的分析理解，也不能够有效提高学生的阅读素养。

第六，缺乏充分合理的引导。没有注重结合学生的实际情况和学习兴趣引导学生有目的地阅读书籍，没有引导学生选择合适的书籍，没有教授学生有效的阅读方法，也没有积极主动地发现学生在阅读方面遇到的阻碍并及时引导。

第七，轻视学生的个性化阅读。仍然以教师为主体，忽视了学生是阅读的主体。《义务教育语文课程标准（2011年版）》中指出："阅读是学生的个性化行为，应该引导学生钻研文本，在主动积极的思维和情感活动中，加深理解和体验，有所感悟和思考，受到情感熏陶，获得思想启迪，享受审美乐趣。要珍视学生独特的感受、体验和理解，不应以教师的分析来代替学生的阅读实践。"

四、阅读环境不够理想

此处的阅读环境包括空间环境、内容环境和关系环境。空间环境指学生真实进行阅读的时间和空间，阅读空间主要集中在教室，但实际上图书馆、阅览室、家中、自然环境、社区都可以发生阅读行为，在不同的空间里更能使学生沉浸阅读，获得不同的阅读体验，帮助学生更好地感悟和思考。另外，学生的课外阅读时间太少，要么作业太多，要么是被休闲、电视电影或游戏包围，很难有稳定的阅读时间，不能形成稳定的阅读习惯。在内容环境方面，主要是学生阅读的对象不够丰富。目前学生阅读的对象主要是教材中被精选的内容，这些内容虽然是专家们精心筛选的，但是有些内容距离学生的生活太过遥远，学生很难产生共情或深入的理解。而且，阅读如果只发生在课堂的教材阅读上，会造成学生的知识面狭窄，视野不够开阔。在关系环境方面，学校和家庭教育对阅读文化的渗透比较零散，也没有达成共同意识。前面说到阅读空间和时间的问题，学生的阅读不应该是片段化断层的，而应该是自然连续的，无论是学校还是家庭，都应该合力为学生提供良好的阅读环境，包括阅读空间和内容环境。

复旦大学朱永新教授在《一个人的精神发育史就是他的阅读史》一文中曾说：学校教育尤其是义务教育阶段，通过最有效率的课堂教育方式，将人类的知识高度集约化、效率化和组织化，在有效的时间内教给我们的孩子，作用就相当于母乳。但教科书不是真正意义上的原生态的思想。一个人的精神发育如果离开了自主阅读，离开了对于人类经典的阅读，就不可能走得很远，精神发育肯定不健全。因此，在学生的阅读教学中，教师应该在充分利用好课堂的教学之外，看到更多更广的阅读环境，联合学校、家长等多方因素，以多种方式发展学生的兴趣与能力，将学生的阅读行为引向课堂之外的阅读环境中，促进学生的阅读自然发生。

第二节 小学语文自然阅读教学的概念界定

语文素养的要素包括语文知识、语文能力、语文学习方法和习惯以及思维能力、人文素养等，这些能力的发展都离不开阅读。虽然我们一直处于阅读行为中，也总是讨论阅读教学，但关于阅读本身的概念及其内涵却不一定有元认知：自然是什么？阅读是什么？自然阅读是什么？阅读教学是什么？

"自然"这一概念首见于《道德经》："域中有四大，而人居其一焉。人法地，地法天，天法道，道法自然。"其中，道法自然就是说道是自然而然的。从历史角度来看，实际上阅读这个行为在人类文明诞生之前就存在，伴随人类生活自然存在且持续发生着。随着文字的产生与知识的积累，这一行为越来越具体，而随着学科的发展，这个词的定义在某种程度上变得狭义化。

简单地定义小学生阅读，它可以是一个学生通过某种方式应用某些方法阅读文本，产生了理解与感受。

我们谈论的自然阅读，是指阅读主体在自然的阅读环境中，通过恰当的方式与行之有效的方法，自然而然地对各种材料进行理解与感受，获得知识、信息和精神上的享受。

自然阅读教学强调尊重阅读主体的自然本性（包括认知发展规律、现有的语文经验和人生经验），选择自然适宜的阅读对象，以语文课程为依托，有目的、有计划地设计阅读过程、构建自然的阅读环境，培养学生的阅读能力，促进学生自然阅读的进行，让阅读成为儿童的一种生活方式，最终做到让阅读像呼吸一样自然发生。

阅读是一种行为，也是一个过程。阅读这个自然的行为包含了阅读主体（谁在读）、阅读对象（读什么）、阅读过程（如何读）和阅读结果（阅读效果）。

一、阅读主体

阅读，始终是读者自愿、自主地与文本对话。"谁在读"这个问题的答案很明显，即阅读主体是学生，阅读教学要认识当前是"怎样的学生"，明白要培养未来是"怎样的学生"。当前的阅读主体是具有现代化生活经验、缺少过去式生活体验、没有形成阅读习惯、掌握的阅读技能较少、文字解码能力较弱的小学生；阅读教学的目标是培养具有阅读兴趣，亲近与珍惜阅读对象，对阅读对象能辨识、会主动选择，掌握读懂、读好的阅读方法，能进行真正阅读体验的人。这当中的阅读能力，理论上包括三个部分：一是阅读主体具备认识字词和理解语句这样的解码能力；二是具备相应的背景知识，包括生活经验或百科知识；三是掌握阅读方法。阅读主体带着这三部分微弱的能力进行阅读，也能逐步提高阅读能力。继而实现国际学生评估项目（PISA）中所提出的阅读素养："为了实现个人发展目标，增长知识、发挥潜力并参与社会活动，理解、使用、反思书面文本并参与阅读活动的能力。"

二、阅读对象

阅读对象的文本体式关联着不同的阅读方法，影响着阅读能力的形成。阅读能力看似是抽象的，然而落在不同文体的阅读对象上又变成了具体的。例如，我们不能用读小说的方式来欣赏古代文言文，也不能用读散文的方法来读实用性文章。历史与生活中的各事各物以不同的文体装载呈现，阅读主体在未来的学习与生活中面对的文体是未知的。因而"读什么"这个问题，无论阅读主体有没有形成自我的阅读偏好，在阅读过程中都需要尽可能地掌握对应的阅读方法，习得不同的阅读能力，在对应的文体中举一反三，熟练运用。

在文本体式上，借用王荣生教授的最大分类方法可以将其分为以下四类（细分可以有更多的分类方法）：一是诗歌、小说、戏剧等纯文学作品，包括古典、现代和译作；二是中国古代散文，主要是指中小学语文教材中的文言文；三是现当代散文，包含散文、随笔的译作；四是现当代的言语表达方面较为出色的实用文章，包括原创与译作的好文章。

以上四类文本体式中，古代散文（文言文）与现代散文在小学课本中所占的比例尤其多。在实际的教学过程中，教师也应该思考：在语文教学中，如何增强理解诉诸实用文章中的理，如何深入感知流藏于文学作品中的情。

文学鉴赏类文章最自然的是处于浸润式的感知中，并非为了学知识而阅读，而是感受阅读的过程与快乐，通过文字、声音等唤起内在的情感，如美的、充满生机的、沉闷的、阳光的、隐忍的等，在阅读中丰富人生的共鸣体验，感受作者所传递的人生感悟，与自己的人生价值和生活意义关联起来，在阅读过程中可以借助文学解读的方法进行文学作品鉴赏，或者借助专家的支点去发现自己看不到的地方，逐渐学会从更多的解读视角去感受作品。

实用文章依据阅读目的的不同，阅读方法也不同。为了获取字面信息，可以快速阅读或跳读；为了理解作者表达的观点思想，需要进行分析性阅读；为了进行实践操作，需要一边阅读一边操作才能理解；对于议论性的文章或媒体文章，可以进行批判性阅读，带有理性的标准来评估阅读对象；为了解决某一问题，可以采取研究性阅读，围绕问题去读。

三、阅读过程

阅读主体的个性化与阅读对象的多样性，决定了"如何读"这条线绝不是单调唯一的，概括起来就是学生在面对阅读对象的时候，应该看什么地方，在这些点应该看出（感受）什么东西。

阅读心理学的研究者认为：阅读是一项多成分的认知任务，包括字形识别、词典通达、语音表征和语义理解等过程。随着脑科学的发展，又加入了视知觉、眼动和注意的加工等概念。

阅读过程中的"阅"虽然主要是指"看"，但实际上存在两条交织的"视线"。一条是生理性的外部视线，是眼睛的事情，关联着文字、图片等视觉材料；另一条是心理性的内部视线，是大脑的事情，联动着认知、思维、理解与体验。上述两者正好阐释了阅读过程中的阅读路径和理解过程，两条线任何一条单独存在都无法完成真正的阅读，必然是外部的"注视点"与内部的"意识点"交织联通了，阅读才算自然而然地发生了。

阅读过程一定要引导学生进行参与式阅读。阅读教学的过程正是为了促进阅读主体与阅读对象之间互相"对话"的发生。对学生而言，这个过程会存在"不喜欢读""不懂读法""读不好"三个问题。叶圣陶先生说"教是为了不教"，学生的阅读过程不是教师一篇篇地讲给学生听，而是教师给予学生在阅读过程中遇到各种问题的帮助。

学生要思考自己是怎么阅读的，明白自己的阅读目的、理解与感受，主动浏览，联系实际生活经验去感受阅读对象，灵活运用所积累的阅读方法（如提炼关键词、篇章格局概括、区分论点论据、作品背景、情境联想等），发现和表达自己的阅读困难处。教师需要思考在阅读过程中学生读起来可能有困难的地方，学生读很多遍也发现不了问题，理解不了、感受不到的地方。教师要引导学生对这些要紧的地方进行深入探讨或进一步解释。

小学阅读教学要关注学生的认知能力、自学能力与实践能力。认知能力主要是培养学生学习并在学习过程中认识事物的能力，这个过程应该是以轻松舒适、平等对话的方式，调动学生的积极性，吸引学生的注意力；自学能力主要是培养学生的阅读兴趣，使学生主动思考、自主探索，形成良好的阅读习惯；实践能力是培养学生在不同文体的阅读过程中能举一反三，灵活运用阅读方法，将阅读对象与自我知识和经验进行联通。

四、阅读结果

阅读结果指的是阅读主体与阅读对象建立的联结程度，主要分为三个层次。一是"零阅读"：阅读主体完全看不懂，无法构成联结，虽然进行了"看"这个动作，但是根本看不懂字词，也进入不了语义理解，阅读完全没有发生；二是"假阅读"：阅读主体虽然完整地"看"了，也能看懂大部分字词，会摘抄课堂笔记、背考试笔记，能复述、转述或概括，但主要进行的是生理性的外部视线，很少或几乎没有启动心理性的内部视线，只有很浅的表层理解；三是"真阅读"：外部视线阅读的效率较高的同时，进行了深入的内部视线阅读，从句子到段落自然衔接，从段落到篇章格局自然衔接，衔接的最深层是忘记了句子和段落，融入了自身的知识结构与生活经验，阅读不只是外在的联结，而是将阅读对象编织进阅读主体的过往和现在中，实现了真正的内化。

无论是阅读心理学研究还是阅读领域的其他研究，都有一个共识：阅读的核心是理解。有效的阅读教学的评价标准应该是学生在教学前和教学后理解的状态与程度的变化。阅读教学一定不能在达到了"假阅读"的效果时就戛然而止，只达到表面理解、获得表层信息的水平，而要走向更高层次。

　　阅读活动后，教师应引导学生再次将阅读学习的内容与生活和学习关联在一起，思考如何体现在未来的生活中。这里，教师需要示例结合的点、联想的支架，并提出关联表达的具体要求，以及提供进一步研究关联该主题的学习参考方法或资料。

第二章

小学语文自然阅读教学的理论基础

第一节　自然教育理论

一、定义与特点

自然教育是指顺应人的身心发展的客观规律进行的教育。集中表现在对人的自然本性的充分肯定和培养自然人性、理想人格方面，主张以自然规律为教育的理想准则，接近自然，取法自然，返回自然，归顺自然。

自然教育的目标是培养"自然人"，所谓自然人，是不受传统所束缚，天性自由发展的人，是身心和谐发展的人。

二、起源与发展

自然主义思想在西方的教育思想史上，萌芽于古希腊，亚里士多德是第一个提出教育必须适应人的自然发展的原则的人。而后，人文主义教育家受到了启迪，提出了对于健康的、自然的、积极的人的培养目标，提倡教育应重视个性的全面自由发展。

到17世纪，捷克教育家夸美纽斯创造性地提出自然教育的根本内涵和原则，并对其进行了论证。作为自然教育的奠基人，他指出教育要适应自然，其中，"自然"是指两个方面，一个是意识自然界的普遍法则，另一个是人与生俱来的天性与身心发展规律。

法国教育思想家卢梭继承夸美纽斯的思想，同时接受洛克的"自然状态"与"社会契约"的主张，以自然哲学为理论基础，提出了教育要遵从自然的永恒法则，并在他的著作《爱弥儿》中详细阐述了他的自然教育思想。以卢梭为代表的自然教育思想有其时代与理论的局限性，卢梭之后，有许多学者对其提出的自然教育思想有扬有弃。

　　总的来说，自然教育主要是针对分拣主义与教权主义的束缚，提出的以儿童为主体的教育思想，认为我们一直存在于自然中，也是自然的一部分，儿童是自然规律中的一个阶段，因此，无论哪个时代的教育，都应该尊重自然及本身的发展规律。

三、对小学语文阅读教学的启示

　　自然教育主张教育应该归于自然，释放儿童天性，使其按照自身的发展规律成长。其所倡导的尊重孩子的天性、开发孩子的潜能以及对孩子要重视道德教育等思想理念，对语文阅读教学都有极大的启发和借鉴意义。

　　对于教育者，自然教育主义强调教育的重点是儿童本身的自由全面发展，应按照儿童的年龄特征，用适合儿童的方法而不是成人的方法去进行扭曲教育；应适应儿童的个性特点，尊重儿童，真正去了解儿童，不急于做出好的或坏的评价；应使儿童在活动中学习，基于生活经验去学习知识、发展能力，以游戏等形式去参与和体验阅读本身，进而理解阅读中的人物、情感与思想。

第二节 自主学习理论

一、定义与特点

自主学习可界定为一种能力，或被阐述为一种学习态度，或一种潜在的自我学习行为，或一种学习心理机制。在学术界有不同的表达法，不同的表达法有不同的含义。

自主学习主要有以下特点：①学习者对学习自我负责的能力，具体表现为能够根据实际情况确立自己的学习目标、决定学习内容和进度、选择学习方法和技巧、合理监控学习步骤（包括节奏、时间、地点等）以及评估掌握的学习内容；②学习者能对学习过程进行批判性反思，能建立一套评估标准来衡量自己的学习情况，能独立地发现问题和及时地解决问题；③学习者在学习过程中始终是积极的参与者，而不是消极地依赖教师、等待来自教师的知识传授。

自主学习不是简单的自学，不是为了某个短期目的进行的学习，而是一种长期动态的过程。自学是在完全没有教师的干预下完成的，体现在外显行为上，但自主学习作为一种能力、态度和潜在的学习行为，则需要通过教师的指导、培养逐步形成，这是内外交互进行的。

二、起源与发展

我国古代思想家和教育家的著作中其实早有与自主学习类似的学习思想，《孟子·离娄下》中有一段论述："君子深造之以道，欲其自得之也。自得之，则居之安；居之安，则资之深；资之深，则取之左右逢其原，故君子欲其自得之也"，正是提倡独立自主、学会学习、获取较深的知识技能的观念。

在西方，自主学习思想最早可以追溯到古希腊学者苏格拉底的"产婆术"。他认为教师的任务不是创造和传播知识，而是做一名"知识助产婆"，对学生进行启发和诱导，激发学生的思维，使之积极主动地寻求问题的答案。而后，柏拉图与亚里士多德对自主学思想进行了继承与发展，增加了自我反思与过程监控调节的内容。近代教育理论学者夸美纽斯受拉特克的"自然教学法"的启示，在《大教学论》中极力主张发挥学生的主体性，废除灌输的教学方法等。而后，自然主义教育思想家卢梭、第斯多惠、斯宾塞等也相继提出自主学习思想，不过至此自主学习都是停留在理论思辨阶段，未形成系统，一直到20世纪初，自主学习才逐渐从理论走向实验阶段。

自主学习理论在实验发展中融合了多个流派的内容，主要有以维果斯基与斯金纳为代表的操作主义学派，以罗杰斯为代表的人本主义心理学派，以温内为代表的信息加工学派，以班杜拉和齐莫曼为代表的社会认知学派，以科尔和考诺为代表的自主意志学派，以麦臣鲍姆为代表的言语自我指导学派，以皮亚杰、布鲁纳和奥康纳为代表的建构主义学派。

操作主义观认为，自主学习本质上是一种操作性行为，包括自我监控、自我指导与自我强化三个过程；人本主义观认为，自主学习是个体自我系统发展的必然结果，受自我系统的结构和过程的制约，一般遵循设置目标、制订计划与选择学习策略、行为执行与评价三个步骤；信息加工观认为，自主学习要依赖一种循环反馈回路，个体获得信息的路径一般是根据预设的标准进行测验、检验匹配充分性、对信息进行改变或转换、循环检测至符合标准、信息输出；社会认知观认为，自主学习是行为、环境、个体三者之间内在因素的交互作用，本质上是学生基于学习行为的预期、计划与行为现实之间的对比、评价来对学习进行调节和控制的过程，包括自我观察、自我判断、自我反应三个过程；自主意志观认为，自主学习是一种意志控制过程，强调学习者作为主体是行为活动的执行者，该观点将自主学习过程分为内隐的自控（包括认知监控、情绪监控与动机监控）与外显的自控（对学习环境与学习任务的控制）；言语自我指导观认为，自主学习是一种言语的自我指导过程，是个体利用内部言语主动调控自己学习的过程，因此自主学习实际上是将外部言语内化为自我中心的言语，再内化为个体内部言语的结果；建构主义观认为，自主学习实际上是元认知监控的学习，要求个体对为什么学习、能否学习、学习什么、如何学习等问题有自觉的意识和反应，能自主调整策略与努力程度以完成匹配自己学习能力的学习任务。

三、对小学语文阅读教学的启示

自主学习理论对小学语文阅读教学的启示主要体现在三个方面：一是强调阅读主体的自主性，无论学习过往的经验如何，学生本身都有一定程度的自主学习能力；二是课堂上构建师生双向的教与学的关系，而非单向的教师权威；三是阅读教学的最终结果是学生能进行持续性的自主学习。

首先，阅读主体的自主性强调的是学习者的自主性。即使学生还很小，但其本身具备一定的意识、沟通能力，仍然能在一定范围内做抉择、对自己负责，同时，随着智慧与能力的增长，逐渐形成更强的自主性。自我阅读者要认清外在的资源和限制、自我的局限和需求，要从模模糊糊的认识与自主向更清晰的自主方向发展。在学校内，阅读的自我学习者需要了解教师的教学目的与要求、确定自己的学习目标、制订学习计划、有效使用学习策略、监控学习策略的使用情况、评估学习过程等。自我学习者应具备对自己学习负责并积极学习的态度、独立完成学习任务的能力及相应的策略，在被赋予大量锻炼的环境中去锻炼自己的学习能力。

其次，构建师生"教与学双向"课体现在两个层面。从阅读主体的角度来看，学生自身是自主学习者，教师所给予的是学习的资源、指导、辅助，课堂上的教学活动不是权威的、单向的，"教学"不是一个动作，而是需要教师和学生双方共同完成的。围绕自主学习，在教师的帮助下，学生需要尽可能事先计划和安排自己的学习活动，并对自己的实际学习活动有一定的监察、评价和反馈，进而能对自己的学习活动进行调节、修正和控制。从教师的角度来看，围绕学生的"学"，而不是教师的"教"，宏观上要确立一种有利于学生自主学习的教学模式，凸显学生的自主学习过程。例如，为了促进"先讲后学"向"先学后讲"转变，可以构建呈现学习目标、学生自学、自学检查、集体讨论、教师讲解、练习巩固、课堂小结等教学模式。微观上从学生的某些方面着手促进学生的自主学习。例如，增强学生的内在学习动机、丰富学生的学习策略、指导学生对学习进行自我监控、辅助学生学会利用社会性和物质性的资源。具体措施包括提高学生兴趣、让学生体验到学习的成功、对学习进步者给予肯定与适当的归因反馈、提供理论和实际的范例、给予充分的策略练习机会、训练学生对自学情况进行记录分析、在适当的时候主动向他人求助或从图书馆等其他信息中寻求解决方法等。

　　最后，阅读教学的目标指向自主阅读者的培养，要培养能持续进行自主学习的学生，也就是说，学生要"能学""想学""会学"。在此目标的引导下，除了阅读教学内容外，也要在教学过程中引导学生意识到以下问题：为什么阅读、如何阅读、何时阅读、从中学什么、在哪里阅读、与谁进行阅读交流。在动机上促进学生内在的自我激发，确定自己的目标与自我价值感；在方法上促进学生有计划或自然而然地运用有效的策略；在时间上促进学生持续有效地积累；在学习结果上促进学生有目的、有意识地进行判断和跟踪；在学习环境上促进学生自主选择和营造适宜的阅读环境避开不利的环境；在社会性上促进学生寻找沟通合作对象进行有意义的对话联结。

第三节 认知主义学习理论

一、定义与特点

认知是指认识的过程以及对认识过程的分析。美国心理学家吉尔伯特（G.A. Gilbert）认为：认知是一个人了解客观世界时所经历的几个过程的总称。认知主义学习理论是通过研究人的认知过程来探索学习规律的学习理论。

认知理论认为，学习就是获得符号性的表征或结构并应用这些表征或结构的过程。

认知主义理论的主要观点包括：人是学习的主体，可以主动学习；人类获取信息的过程是感知、注意、记忆、理解、问题解决的信息交换过程；人们对外界信息的感知、注意、理解是有选择性的，学习的质量取决于效果。

学习更多的是发生在学习者个人内部的一种活动，因此，从某种意义上讲，学习活动更多的是通过个体的心理活动，将外在于个体的知识经验转化为自己的经验，即获得认知经验。比如，对符号性表征进行编码、转换，形成更合理的、有意义的认知结构，或者用适当的语言符号来描述客观世界的特征和关系，或者用已建立的认知结构来解决客观问题，等等。

二、起源与理论基础

认知主义源于格式塔心理学派。该学派认为学习是人们通过感觉、知觉得到的，是由人脑主体的主观组织作用而实现的，并提出学习是依靠顿悟而不是依靠尝试与错误来实现的观点。

该理论认为，学习并不在于形成刺激与反应的联结，而是依靠主观的构造作用，形成认知结构，主体在学习中不是机械地接受刺激，被动地做出反应，而是主动地、有选择地获取刺激并进行加工；对学习问题的研究，注重内部过程与内部条件，主要研究人的智能活动（包括知觉、学习、记忆、语言、思维）的性质及其活动方式。代表人物有皮亚杰、布鲁纳、奥苏贝尔、托尔曼和加涅。

关于认知主义中对认知过程的分析，不得不提到元认知理论。什么是元认知呢？简单来说，元认知是对认知的认知，元认知活动的对象是认知过程。该理论的提出者弗劳威尔指出，元认知被广泛地定义为任何以认知过程与结果为对象的知识，或是任何调节认知过程的认知活动。

具体来说，元认知是认知主体对自身心理状态、能力、任务目标、认知策略等方面的认知，同时，元认知也是认知主体对自身各种认知活动的计划、监控和调节。元认知包括元认知知识和元认知体验，其中，元认知知识的三个组成部分见下表。

元认知知识的三个组成部分

认知个体	认知任务	认知策略
认知个体内部差异的知识	认知任务中有关信息特点的知识	认知活动中对应的策略有哪些
个体间差异的知识	任务要求和任务目的的认识	对不同的认知任务有不同的策略
使用何种策略更有效	—	—
认知个体间认知相似性的知识	—	如何使用某种策略

元认知体验是人们从事认知活动时产生的认知和情感体验。这种体验可能是清晰的也可能是模糊的，持续时间可能很长也可能很短，可以很简单也可以很复杂，可能发生在认知活动的任何时刻。重要的是，元认知体验在高度自觉和细心的认知监控与调节的情境下更有可能发生，也就是说，促进自主学习，同时也能促进元认知的发生。

三、对小学语文阅读教学的启示

认知主义的重点在于转变学习者的思维过程，这对阅读教学有以下两个指导意义。

首先，教师作为语文教学的指导者、帮助者，应该基于元认知分析自己对阅读教学这件事本身的认知过程，重新思考自我这个认知个体与其他优秀教师的异同、阅读教学的任务特点和目标、阅读教学的策略内容和应用方法，进而从根本上优化阅读教学模式。

其次，基于认知学习理论，熟悉与理解学生在阅读学习中发生的心理认知过程，教师应该借此思考如何转变学生的学习思维过程，从而促进学生阅读的真正发生。具体包括：一是突出学生在学习活动中的主体价值，调动阅读主体的自觉能动性；二是强调认知、意义理解、独立思考等意识活动在阅读学习中的重要地位和作用，提供足够的思考空间；三是重视学生在阅读活动中的准备状态，教师既要看到学习的外部条件（学习材料具有逻辑意义），又要关注内部条件（原有的认知结构中有适当的观念和心向）；四是重视基于内在的动机与学习活动带来的强化作用；五是引导学生在阅读中的创造性活动。

第三章

语文课堂中的自然阅读教学实践

第一节　阅读材料的选择

一、阅读材料定义与分类

在语文阅读教学中，阅读材料是学生阅读对象的载体，也是教师教学内容的载体。因此，语文教学内容的阅读材料实际上并不仅仅是教材内容本身，也包括教师对教材内容的"重构"——处理、加工、改编乃至增删、更换、节选与组合等，还包括对课程内容的执行，包括在课程实施中教师对课程的内容创生。

前文中曾提及，王荣生老师按最大分类方法将文本体式分为纯文学作品（诗歌、小说、戏剧等，包括古典、现代和译作）、中国古代散文（主要是指中小学语文教材中的文言文）、现当代散文（包含散文、随笔的译作）、现当代的言语表达方面较为出色的实用文章（包括原创与译作的好文章）。

如果按时间来分，阅读材料主要分为古文和现代文，古文包括文言文、古诗词、中外其他古典著作等，现代文包括散文、现代诗歌、科技应用文、当代中外小说。

在小学阶段，语文阅读材料分类常常没有主要的分类标准，主要有古诗词、文言文、戏剧、现代诗歌、散文、童话寓言、儿歌、绘本、小说、记叙文、议论文、说明文、应用文。这其中既包括文学样式的分类（诗歌、散文、小说等），又包括按内容样式的划分（记叙文、议论文、说明文），甚至部分散文的狭义定义与广义定义也混在一起（广义散文与韵文相对，包括文言文，狭义散文与小说、戏剧、诗歌相平行）。

二、阅读材料选择

阅读方法与文本体式关联密切，语文教材的编排并非按文本类型编排，很多是按不同主题的单元结构来组织的。虽然如此，教师仍要对阅读材料的类型做到心中有数，清楚地知道不同的文本类型对应要实现怎样的课程教学目标，进而采取合适的教学策略，不能用一个教学模式对待所有的教学材料。例如，古诗的教学强调诵读法、韵词的分析，或是代入情境感受阅读；现代诗歌注重趣味阅读、简单诗组合学习，并鼓励续写与创编，参与式地进行阅读。

任何形式的阅读材料都是阅读学习的载体，回答了"用什么教"的问题，不是阅读教学目的。阅读学习中的生字词学习、篇章段落理解、诵读成习惯、前置学习单自学是最终实现自然阅读的基础、手段与阶段性目标，而通过这个载体学会了不同的阅读方法，获得了情感与精神的领悟，才是教的最终目的。

在课堂教学中，教师需要完善自己对不同阅读材料的教学能力，丰富自己的阅读储备，对不同的阅读材料深入了解材料背景，关联同类可辅助教学的阅读材料，根据选择的阅读材料进行学习环境的设计，最后是具体的课堂内容的设计。在对应的课堂阅读教学后，可适当推荐相关的阅读材料给学生，促进阅读的持续发生。

教材中的阅读材料以书面文本为主，在内容呈现形式上，实际上视觉文本与听觉文本在现代生活中也是容易获得的，包括图画、音频、视频等。从历史角度而言，我们许多人最初的阅读体验来自"画"，如象形文字；从个体角度而言，生命早期接触的是绘本图画书，随着阅读文化的发展、个体阅读技能的提高，才逐渐走向完全没有图画的书籍。教师在对阅读材料进行清晰分类后，对教材中的阅读材料、课外的阅读材料也可进行归类，并分析哪些其他材料可以对现有的阅读材料进行更好的辅助，如诗歌中描述鸟的，鸟的照片与鸟鸣声材料可以加强学生的认知和理解；散文中描述的山景、雪景，对于没有这一体验的学生可以辅助补充视觉经验帮助学生理解。

综上所述，选择阅读材料的前提是教师熟悉课堂内、生活中以及信息时代的各类阅读材料类型，明确不同的阅读教学目标，灵活地选择材料，进行材料组合、内容分析、支架设计等。

第二节 阅读材料的组织形式

对阅读材料的类型、性质有清晰了解后，阅读材料之间的内在关联性也会清晰起来。在查阅资料、熟悉阅读材料背景、进行课文分析、确定阅读教学主题后，为了更好地实现教学目标，结合学生的学情，选择灵活且合适的阅读材料组织形式是必要的。阅读材料的组织形式主要有主题相关、对比分析、层次递进三个类型。

一、主题相关

主题相关是指围绕某一主题将不同的材料组合在一起，有一根隐形的线将这些阅读材料串联在一起。这根线可能是内容上的，也可能是作者的情感表达，还可能是空间或时间线。代表的阅读类型有"群文阅读"。阅读的主题可以围绕活动情境、某个节日、某一时期、某一人物、某一地区等。例如，以"组织毕业晚会"为主题的活动主题，阅读教学的目标是促进学生在问题情境中主动阅读和学习各类应用文，并通过实践的方式展示出来。如果教学任务无法在一堂课内完成，教师也可丰富该主题，编写课外阅读校本课程，制作微课程，为阅读教学提供可参考的教学案例和模式。

在古诗或现代诗歌阅读上，可以组成"杜甫古诗群读"，或"春之诗歌群读"，或"爱国诗歌群读"等，将多首描述同类景色、心情的古诗串在一起，进行同类比较教学，同时借助插图了解诗句与结合诗句的意向想象画面。诗歌主题的阅读也可以在选定后，请学生在每日晨诵或"最美诵读"平台自主选择与主题相关的诗歌，进行诵读与分享。另外，学校的上下课铃声可以用专业的童声诵读，对于低年级的学生，可以选择内容简单、富有趣味的短小诗歌，引导学生学会用欣赏的眼光看世界。

二、对比分析

对比分析是指从作者、内容、时间、情感表达等角度组织阅读材料，如同有一面透明的玻璃在不同的阅读材料上，互为对照。从作者角度而言，可以选择对不同人生阶段的作品进行对比分析，进而分析作品中的表现手法、作者心态的变化。

对比分析其实可以发生在多种不同的阅读材料之间，也可以发生在同一阅读材料的具体内容上，主要看教师怎样提炼与组织，以及为了实现怎样的教学目标。

三、层次递进

层次递进介于主题相关与对比分析之间，这些阅读材料之间的逻辑性比主题相关更有逻辑层次，同时又不是成对比、对照的关系。这里的层次递进可以由简单到复杂、由外到内、由近到远、由浅到深。

例如，用一本新的课外书进行整本书阅读指导，引导学生学会从封面插图、标题、封底中获取信息，渗透读新书的方法，培养良好的阅读习惯，概述书本内容，从了解书的整体结构到了解作者，制作图书资料卡（介绍书的书名、出版社、作者等信息），再到阅读后设计一份阅读思维导图，并用一句话概述这本书的内容。

第三节　阅读教学的实施方式

一、学习环境的建设

整体上，学校环境的建设指营造氛围、搭建平台、设计内容、营造良好的学习环境，学生有丰富的阅读材料、充足的阅读空间，随时能读。首先，学校要引导学科教师重视阅读，培养学生的阅读兴趣。其次，大至学校图书馆，小至班级借阅空间或图书角的建设，从优化学生的阅读内容、阅读空间、阅读途径思考，积极组织联动的阅读活动，配合自然阅读课堂的教学。例如，为了使学校的阅读材料更丰富多元、师生教学阅读频率更高，学校可以组建阅读材料定期更新建议组、阅读教材整合分析组、学生阅读单设计组，小组的组成人员可以包括图书馆馆员、教师、家长和学生，多元参与，共同设计，更好地应用。

二、阅读模式的设计

横向上，每个年级有大的主题阅读形式，搭配其他多样的阅读教学内容与形式，整体兼顾，形成各年级的阅读教学特色，在不同年级培养学生自然阅读习惯。例如，一年级以"绘本阅读+吟诵"为主，二年级以"经典诵读+古诗"为主，三年级以"经典诵读+小古文"为主，四年级以"情景融入+散文"为主，五年级以"角色扮演+文言文"为主，六年级以"群文阅读+创作"为主。教师将不同主题组在一起，固定某一时间诵读十几分钟，或年级间进行同一主题阅读后的角色扮演等。

对于古诗类的阅读教学，可以整合经典诵读的教学模式，形成"教学四部曲"模式，即"正音朗读形式多、古文今译明大义、熟读成诵我乐背、故事链接引共鸣"四个步骤。诗歌的教学环节分为初读课文（明白诗题和字音）、精读诗歌（按节奏拍手读、指名读、观察句子结构的变与不变、读注释、观察读出同位的字理解押韵）、熟读成诵（合作读、波浪读、镂空提示法练习背诵）、背景故事（讨论诗歌情节的原因、学生的理解）。也可以以"字源法+问题教学法"的模式展开。通过"字源法"讲解复杂的生字，精读后了解古诗中的时间、地点、人物和情节变化，并围绕时间、路线、发现与心情展开设问，诵读后感受古诗的画面美，看图能背出古诗，背古诗能联想画面。在此过程中，配以与阅读内容相关的图片和动画，丰富学生的感受，在生字与古诗内容上，引导学生讲、练、评，讲出来，练一练，互相评。

对于现代诗的阅读教学，以"趣味阅读法+自由创编法"为主，用简单有趣的诗歌激发学生的兴趣，全程贯穿"这首诗好玩的点在哪里"。通过共读、自读、讨论有趣点、续编创编等环节的展开，在续编创编中，引导学生发现写诗需要的素材，可以用拟声词、组词、反问等方式来组织，用排比、拟人等写法，可以仿造、续写、联想进行练习，而写反过来又促进学生掌握阅读欣赏的角度与方法。

对于小说类的阅读教学，以精读略读的阅读策略为主。精读文章注重设计"前置学习单"，提前让学生熟悉生字词，并在默读后，用"四格漫画"的形式梳理故事情节，最后自主思考、感知人物形象。在教学过程中，教会他们学会关注环境和情节，留意人物语言、动作、神态与心理等描写，让学生找到这些描述词句后，说出这些描写表现出的人物精神，或指导学生有感情地读出或表演出角色的动作，深入感受人物形象。略读文章，在默读后，一篇课文能用一句话概述，知其大意，知道大致的信息分布、内容表达。

对于实用文的阅读教学，确定活动主题，设置学习情境，制作微课程。串联小学阶段的各类应用文文体（请假条、申请书、建议书、告示、借条、演讲稿、书信、温馨提示、活动总结等），将阅读融入解决问题中，与写作结合，整体设计、整体教学。教学过程中，学生自由组合，进行小组合作，策划方案，优选方案，组织各个环节，安排各项准备，也调动了学校其他教师及家长共同参与。在指向学生综合素养的语文微课程中，应用文的阅读与写作镶嵌在活动中，容量虽小，但主题明确、易于操作实施、特色鲜明，能有效激发学生的学习兴趣，使学生在情境中阅读学习并解决实际问题。

对于童话寓言故事类的阅读教学，引导学生体会"预测"的多样性，掌握边读边预测的阅读策略。从题目、情节的相似性，文章插图与对话内容等地方寻找预测线索。在阅读的不同预测中，根据已有的阅读体验，援引证据进行逻辑分析，一边读一边预测故事的内容，分享预测的可能性。最后对比故事原来的结局，并将自己的预测与原文进行比较，体会预测的多样性，体验阅读的趣味与快乐。

三、阅读教学课堂的设计

（一）材料组合，策略引导

可以将不同材料有机地组合成主题或进行对比，以精读略读策略引导，帮助学生掌握不同的阅读策略。精读文章引导学生关注环境、情节，感受人物形象与情感表达。古诗的特点是重章叠奏、韵律感强，通过学情与教学材料的比较，厘清学生阅读学习过程中的重点与难点，教学时重复重点，其余略引。

（二）多媒体辅助，增强阅读体验

无论是在诵读中的感受，或是意象组成的画面，还是作者传达出的情感，都能借助照片、图画或影视片段加强体验。例如，教师使用电子白板将精心设计的课件推送到学生终端，与学生进行互动，学生阅读，对教师设计的问题进行解读，并在上面留下自己的解读内容，包括创造性理解；教师在四分屏上投影不同小组学生的内容，对比分析展示，也可以穿插进行课堂即兴创作的投票，实时记录不同小组学生理解后的表达情况，形成活泼有效的阅读氛围，带动全体学生参与到阅读体验中。

（三）先学后教，设计学习单

在课前，教师要做好导学，设计支架式阅读学习单。对于生字词的教学，教师课前让学生查阅词典、字典，初步掌握生字词的音、形、义，实现自主先学，如设计闯关活动、设计比赛活动等，通过这些活动，让学生展示学习的收获，也感受学习的快乐，从而激发学生先行先学的兴趣。

（四）合作学习，调动积极性

对于一些情节性比较强的材料，学生通过小组合作表演、绘画或制作思维导图，加强合作，能促进阅读有效进行。课堂上，学生分组发散思维进行创编的时候，教师与其他小组点评，并在最后推荐童诗集，衔接学生产生的兴趣，促进学生的自主阅读与发现。

（五）开展阅读拓展，提升综合能力

在阅读课程结束后，教师可以推荐相关的阅读书籍、阅读场所、阅读讲座，以课堂上的阅读内容导向生活中的阅读，延伸阅读，或组织相关的大型阅读类活动，使学生从书本走向生活、走向社会，促进综合阅读能力的提升。

第四节　阅读教学的评价方式

一、基于阅读学习过程，多元化评价

评价的根本目的是促进学生的学习，通过评价，教师可以获得课堂的反馈，反思课堂教学，做出适当的调整，或进行教学方式的改进，提高自身的语文教学质量；通过评价，学生也能获得学习的成就感，发现学习存在的问题，进而促进语文能力的发展。

阅读教学多元化评价是指评价过程中评价内容的多元化及评价主体的多元化。其中，评价内容的多元化是指除常态的对学生阅读知识与能力的评价外，也应该包含对学生在阅读课堂上的参与、合作和他们的阅读思维状态等方面的评价。评价主体的多元化是指打破以教师为评价主体的局面，将学生、父母甚至是学生的朋友等都纳入评价主体范围，学生的阅读学习结果不只表现在课堂上的回答或阅读理解题的试卷上，还表现在小组合作的阅读任务上以及延伸到家庭与社会的阅读和解决问题上。例如，学生在完成某个阅读学习任务后，教师对内容、学生态度与思维进行评价，学生自评，同学互评，对于朗读或创造性任务，也可以放在某个平台上，接受网络上陌生人的评价。总的来说，在评价内容上关注更多方面，在评价主体上引入更多人参与，会使阅读教学的评价更加客观有效，同时这样的评价也能促进语文阅读质量的提高。

二、体现平等人文关怀，分层性评价

分层性评价是指尊重学生间的个体差异，采取不同的评价引导。在阅读教学中，不同的学生对同一问题的思考有快有慢，认知水平的变化也处于不同层级中，因此要针对不同学生的不同表现给予不同的评价，不能以单一的评价方式、唯一的评价标准来评价所有学生。例如，对于反应较慢的学生，首先要给予其表达的机会与思考的空间，在他们发表自己的观点后，要多用鼓励性的语言激励他们，使他们收获成功的喜悦；对于反应快且有自主想法的学生，要设计有挑战性的问题和任务，引导他们进行更深的思考并给予有效的指引，充分调动与发挥他们的学习自主性。

三、重视思维启发创新，开放性评价

开放性评价是指评价态度与评价标准要开放包容，不局限在学生对课本知识的掌握上。

在评价态度上，一方面，在回应学生后，要积极关注学生在阅读课堂上的阅读习惯、阅读态度与阅读思维等。每一次都应该及时给予学生评价与鼓励，不应该进行绝对正确或绝对错误的评价，而应该主动发现学生的问题所在，用启发性、鼓励性的语言去帮助学生养成良好的阅读习惯和思维习惯。例如，学生在阅读过程中字词念得不对时，巧设中间问题，给予时间让他们自己发现问题，而不是直接否定地告诉正确的结果，否则会取代他们的自主思维。但在他们实在答不上来时，应告诉正确的结果，更新他们的误读认知。另一方面，积极关注学生的阅读素材、主题和类型，了解他们的阅读是丰富多样的还是单一的，避免学生一直进行重复旧主题、无创新、观念落后的阅读，及时发现问题并给出评价指导。

在评价标准上，不能过于墨守成规，而要根据学生学情，设计形式丰富的阅读问题与任务，这些不同类型的任务决定了评价标准的多样性。例如，设计的偏开放性、创造性的问题，评价标准则要灵活，要借助启发性语言引导学生，给学生以启迪，引导他们自己发现问题，主动关注环境、情节，感受人物形象。如果设计的问题是封闭式的、记忆性的，则评价标准除了评价正误之外，要能给学生带来正向的成就感。

第四章

4

小学语文自然
阅读案例

第一节　小学语文自然阅读教学案例

《司马光》文言文阅读教学案例

深圳市莲南小学　薛顺萍

【内容定位】

《司马光》是部编版小学语文三年级上册第八单元的首篇课文，也是义务教育小学阶段的第一篇文言文。第八单元课文以"美好品质"为主题。通过"司马光砸缸"的故事，让学生认识遇事冷静机智的司马光，学习课文人物身上的美好品质。

《司马光》作为小学阶段安排的第一篇文言文，讲述了一个广为流传的小故事：一日，司马光和一群孩童在庭院嬉戏。一个小孩爬上瓮，失足落入水中。大家都吓跑了，只有司马光拿石头砸瓮。瓮破了，水一下子喷涌出来，失足落水的小孩得救了。简短的故事展现了一个聪明机智和沉着冷静的司马光，人物品质特点跃然纸上。

本课核心问题是借助注释学习文言文，了解课文内容，用自己的话讲述故事。

本课学习重点是通过各种富含趣味的诵读方式，熟读背诵小古文。

本课学习难点是用自己的方式讲述故事，感悟司马光勇敢、机智的品格，并从中受到启示。

【学情分析】

作为三年级的学生，虽从一年级开始已学过十余首古诗，但对于文言文却是第一次正式接触，在读和理解上，学生可能会觉得无从下手、力不从心。其实学生在生活中也有接触和积累文言文，如在国学诵读中就已经接触过《诗经》《论语》，所以对于学生而言，文言文并不是完全陌生的。根据课前调查访问，班级中绝大部分学生都听过"司马光砸缸"的故事。

《司马光》一文非常简短。本文虽然是文言文，但很多词语的意思与现代文基本一致，如"戏"是"嬉戏、游戏"的意思，再加上故事本身流传甚广，学生学习起来并不会感到困难，反而比较容易找到文言文与现代文的共通之处，可以消除学生对学习文言文的畏难情绪。通过初步体会文言文言简意丰的文体特点，学生能够激发学习文言文的兴趣。教学时，教师要着重引导学生通过诵读感受文言文的语言表达特色，通过注释、查阅工具书及以往的阅读经验了解文言文的大意，在此基础上展开想象，引导学生用自己的话讲故事，提高语言表达能力。

【教学目标】

课标要求：

能借助字典、词典和生活积累，理解生词的意义。能借助工具书阅读浅易文言文，并能复述作品的大意。

知识与技能：

（1）认识"司、跌"等五个生字，会写"司、庭、登"等八个生字。

（2）有节奏地朗读课文并背诵课文，注意词句间的停顿节奏。

（3）借助注释和图片，能用自己的话复述故事。

过程与方法：

（1）通过注释等多种途径来理解词句的意思，掌握学习文言文的一般方法。

（2）在反复诵读中品味小古文的语言形式美。

情感态度与价值观：

学习司马光遇事沉着冷静、愿意开动脑筋解决问题的品质。

【教学思路】

从小游戏入手，引出故事主人公。创新诵读方式，打破原有的学习文言文的方式，运用多种方式方法充分引导学生朗读，在不同的文字形式中让学生加深对文言文的感受和认识。结合生活经验与实际，让学生通过阅读课文注释、插图等方式来理解词句的意思，并且在此基础上引导学生大胆展开想象，从而在理解文本的基础上能够深入理解故事内容、领悟人物品质，最终达到学生能够自己复述故事的效果。

【教学设计】

教学设计概述

教学过程——环节（1）	
教学内容	初识文言文
教学目标	了解司马光，初识文言文
核心问题	什么是文言文

问题解决	问题情境	解决策略
	①猜猜他是谁？ ②这样排版的课文，你见过吗	①通过游戏引入，引出故事主人公司马光。 ②学生自读，读准字音

教学过程——环节（2）	
教学内容	初读文言文
教学目标	能够正确流利地朗读文言文，感受文言文的形式
核心问题	借助注释、图画，理解难懂字词

问题解决	问题情境	解决策略
	①如何读好"光持石击瓮破之"？ ②理解"持石"和"击瓮"	①学生自读，自行体会；教师范读，学生跟读。 ②教师通过动作引导学生从实际中理解，从而将句子节奏读准

教学过程——环节（3）	
教学内容	多种形式诵读文言文
教学目标	能感受文言文的形式美，背诵课文
核心问题	理解课文内容，复述课文

问题解决	问题情境	解决策略
	①变换文本形式，你们还会读吗？ ②你们能用自己的话讲一讲这个故事吗	①让学生在不同文字形式下诵读，从而达到背诵的目的。 ②引导学生根据文言文和插图自行复述故事

【教学实录】

师：同学们，经过两年多的学习，我们已经结交了许多文学界的名家大师，古有李白、杜甫等大文豪，今有金波、金子美铃等著名的童诗作家。在正式上课前，老师想和同学们玩一个"猜猜他是谁"的小游戏。（期待的眼神注视着）同学们想玩吗？

生：想！（全班大部分学生积极响应）

师：游戏规则很简单，根据出示的图片或者文字，猜猜他是谁。

师：薛老师把他们的个人自拍照带来了，请你们猜一猜他是谁。

生：李白。

师：（微笑询问）确定吗？

生：（眼神坚定、声音响亮）确定！

师：我们一起读读他写的诗句。（出示《静夜思》，全班齐读）

师：李白，我们太熟悉了，同学们一下子都猜到了。我们再看看这位。

生：孟浩然。

生：白居易。

师：出现不同的答案了，我们看看他写的诗，就知道这两位同学说得对不对了。

［出示《绝句》（两个黄鹂鸣翠柳），全班齐读］

生：（集体抢答）杜甫。

师：看来同学们都是知其人而不知其貌，留意的都是他的才华。（欣慰地说，表示肯定）

师：那这一位呢？你们认识吗？这是他写的诗，大家读过吗？

（学生纷纷摇头，表示陌生）

师：没关系，老师再给大家几点提示，看看你还能猜出来吗？

（1）课件出示。（学生猜测的人物五花八门）

（2）课件继续出示。（学生之间小声议论，有学生带着不确定的语气小声地说司马光）

（3）课件再次补充出示。（学生异口同声地说司马光）

师：今天这节课我们就来学习司马光小时候的一个故事。（板书课题：司马光）

师：写字时——

生：身坐正，书摆好。

（教师再次纠正提醒，生集体书空，边书空边口述笔画）

师：我们写字时一定要注意"司"的第一笔是横折钩。

师：下面我们正式进入《司马光》这篇课文的学习，去了解司马光小时候的一个故事。

师：请看黑板。（出示竖版无标点版本的《司马光》原文）

（学生小声议论）

师：这样编排的课文，你们习惯吗？

生：（个别小声）不习惯。

师：我听到有同学说不习惯这样看书，那老师换换。

（出示带拼音的横向排版的原文）

师：这样呢？你们还习惯吗？是不是觉得好读得多？

生：（异口同声地）习惯。

师：（耐心地）刚刚第一种课文的排版是以前古人所读的书本的样子。但是现在不一样了，无论是课本还是我们平时阅读的课外书，我们都习惯于横排，从左到右读书了。请同学们翻开书本，大声地、自由地读课文，遇到你认为难懂的或者你觉得很难读的生字词，也请你多读几遍。现在开始。

（生自由读课文）

师：昨天我们都预习过生字词了，现在请同学们把课文中带拼音的生字响亮清晰地读出来，每个词语读三遍。

（生齐读生字）

师：读得挺不错，但是老师的耳朵很灵敏，在读"瓮"这个字的时候，我听到有同学变成小狗了，一直在"汪汪汪"。（全班大笑）这样读对吗？那这个字应该读——

生：wèng。

师：我们一起再读一读这个"瓮"字。

师：去掉拼音，这些生字你还能读好吗？我们一起开火车读生字！火车火车哪里开？

生1：火车火车这里开。

（屏幕出示"司"等九个生字，学生开火车读生字）

生2：崩（péng）。（老师眉头紧皱，表示不认同）

师：好像有同学不认同她的读法，谁来再读这个字？（目光寻找其他学生）

生：崩（bēng）。（学生读对后，竖起大拇指表示赞同）

师：来，请你跟着刚刚她读的发音，再把这个字读准确。（读后，全班齐读，加深印象）

师：现在我们一起把这些生字朋友送回文章中，这一回可不能再读错了呀。有信心吗？（期待地望着全体学生）

生：有！（响亮而整齐）

（生齐读课文）

师：这里面有人读得好，有人是被别人带着读的，我请一位同学来试试。看他自己读时会怎么样。小庄，来！（请学生举手）

（生读课文）

师：嗯……有些地方有问题对不对？（面向学生发问）这一句话他读得不太顺，我想请别人来读这一句，来，小张。

生：光/持石/击瓮破之。

师：嗯！注意到她怎么读了吗？她开始把字根据节奏分开了，是不是？再找一位，你来试试。

生：光/持石/击瓮破之。

师："光持石击瓮（强调四声）破之"，看着拼音，可能这句话对于你们很难理解，我们一个一个字来看看，"光"指的是谁？

生：司马光。

师："持石"呢？

生：拿起石头。

师："持"表示什么？

生：拿起。

师：那老师读，你们来做动作可以吗？

生：好。

师：我说"持石"就是把石头拿起来，看看你们的反应快不快。（迅速）

"光持石",放下。(迅速)"光持石",放下。用你的右手就可以了啊!
"击瓮破之"又是指什么?(示意学生举手回答)小毛,来。

生:"击"就是击打,把瓮给击破了的意思。

师:打碎、打破的意思是不是?好,薛老师接着读,你们做动作可以吗?

生:可以。

师:当我说"光持石",然后把你的小桌面当成瓮去击打它,好不好?

生:好。(全体兴奋)

师:准备好了啊,1、2、3,击瓮!注意整齐,再来!"光持石(停顿一下)击瓮"!(学生整齐地击打桌面)很整齐啊!但是声音可以小一点,现在站起来!把你的右手当成石头,把左手当成瓮放在身前。第三组的表现最棒,我给你画个正字。好,来,准备好了啊,你们是司马光,准备救人了,"光持石(停顿一下)击瓮"!再来!轻轻的!"光持石击瓮"。那这一遍反过来,请坐,你们来当小老师,我当司马光,告诉我,我该怎么做动作。

生:好!(自信满满)

师:把句子连起来了啊!

生:光持石(停顿)击瓮(四声)破之。

师:再来,预备起——

生:光持石(停顿)击瓮(四声)破之。

师:好,我们一起来,带着动作、带着嘴巴,来,"光持石"预备起!

师生:(齐)"光持石(停顿)击瓮(四声)破之"。(一起做动作)

师:下面我们来一场男女生比赛,看看是男生击得好还是女生击得好。来,女士优先,男生读,女生做动作。

男生:光持石(停顿)击瓮(四声)破之。(女生做动作)

师:反过来,女生读,男生做动作。

女生:光持石(停顿)击瓮(四声)破之。(男生做动作)

师:好,不错啊,看来你们都会读这一句了!注意,文言文读的时候要注意它的断句和节奏。好,现在我们把这句话放回文章里,你还能读吗?

生:能!(气势十足)

师:好,拿起课本朗读,注意读书时——

生:身坐正,书摆好。

师：好，"司马光"预备起——

（全体齐读课文）

师：好，老师要提出疑问了，他打的水瓮到底是什么啊？我没见过，你们见过吗？

（学生议论纷纷，有的说见过，有的说没见过）

（师指名某生回答）

生：就是水涌出来。

师：（重复问题，示意学生听清问题）瓮是什么？你见过没？

生：见过。

师：你见过，长什么样？

生：就是像非常大的碗一样。

师：非常大的碗，好，我们来看看图片区别一下（图片上展示水缸和水瓮）。我们常常会说去水缸里舀水，那水瓮是什么？看图片找找二者的区别。

生：水缸是口大肚大的容器，水瓮是口小肚大的容器。

师：嗯，是不一样的。水缸是什么？口（停顿）非常的（停顿）大，肚子也大。那瓮呢？它的肚子也大，但是它的口非常的（停顿）小。

生：水缸口大，水瓮口小。

师：这就是水缸和水瓮的一个区别。理解了就会读得更好了！老师要请一位同学来读，（示意举手）看看你们能不能高水平地朗读。

（一位学生仔细认真地读课文）

师：不错啊，读书时，手拿着书，很好！薛老师觉得，你们读得还不错，如果要打分的话，我给她打99分，谁能读到满分？

（生朗读课文，大家主动鼓掌）

师：薛老师认为，他能得99.5分，还差了0.5分，知道差距在哪里吗？有没有信心挑战100分？

生：有！

师：看大屏幕，发生了什么变化？

生：没有标点符号（异口同声）。

师：没有了标点，你们还会读吗？

生：会！（全体信心满满）

师：听一听，看看全班谁先拿到这100分，好，预备起！

（全体学生齐读课文。越读越快）

师：没有了标点，你们越读越快了，慢一点，慢一点，不着急，标点是给我们提示停顿之用的，那没有了标点，自己心里要有标点。再来一遍，刚才这一遍不行，"群儿戏于庭"，预备起——

（学生集体读课文。有节奏停顿）

师：老师要求看黑板不看书，看书就是偷偷地瞄标点符号了，就是作弊了。来，自己念一遍。

（生自由练习）

师：很好，找到节奏了，我找一位勇士来挑战一下，敢不敢？（示意举手）

生：敢！（大部分学生跃跃欲试）

（一位学生单独朗读课文，同学鼓掌鼓励）

师：100分拿到了。接下来，薛老师有打110分的题，想不想挑战？

生：想！（学生更加有兴趣）

师：这回文字变成什么样了？（展示图片）举手说话，谁观察仔细？

生：繁体字？！

师：变成了繁体字，还有吗？还有什么变化？

生：变成竖着写了。

师：竖着写了，谁敢来挑战？（示意举手）

（生按照图片所示读课文）

师：掌声鼓励一下（示意鼓掌）。我们也一起读一读吧！

（师生齐读课文）

师：有没有哪个大组敢挑战？

生：有。

师：这个大组举手最多，听听他们读，能不能拿这110分。

（一组学生读课文）

师：对，真棒，110分都拿到了，你们太厉害了。我再提高难度，150分能不能挑战（展示图片）？

生：能能能（迫不及待）。

师：注意观察。

（学生间看见图片热烈讨论）

师：举手回答，我看到小汪的手很漂亮，我听到第一小组有声音，这是什么文字？

生：这是甲骨文。

师：甲骨文？（纠正错误）这叫小篆体，有没有人敢挑战一下（示意举手）？小肖来。（维持课堂秩序）别人说话，我——

生：不吵。

（一位学生读课文）

师：（对学生朗读进行点评）他好像少了一个字是不是？少了一个"之"字，要仔细一点哦。再请一位同学来试试。

（一位学生读课文，读到一半表示有点看不懂，读不下去了）

师：薛老师给你们时间再实践练习一下。

（生自由朗读练习）

师：练习时间结束，谁敢尝试？（示意举手）

（一位学生读课文）

师：不错，有点感觉了。还有人敢尝试吗？

（一位学生读课文。学生在其读完后自发鼓掌）

师：全班来一起读一下，会的看着黑板，不会的偷偷瞄一眼书。

（生齐读课文。有部分学生还没有掌握）

师：好，有人拿到了150分，有人还没拿到，没关系，薛老师再给你们最后一次机会，这一次是200分，有没有信心？

生：有！

师：眼睛注意，1、2、3！（再换图片并示意举手）这回是图片了，要求你们做什么？

生：背！（部分学生心领神会）

师：谁已经会背了？（示意举手）来，小张。（示意部分学生保持课堂安静）保持安静！1、2、3！尊重上台讲话的人啊。

（生背诵课文）

师：很棒，200分拿到了，还有谁能背？（示意举手）小毛，来试一下。

（生背诵课文）

师：还有没有人会背？会的人，请大胆地站起来。会的同学，请你看着插图，把故事背出来。认为自己还不能完全背出来的同学，可以再看着书，小声地跟着其他会背的同学一起背背看。

（生集体背诵）

师：你们真的太厉害了！把掌声送给你们每一个人。

师：我们再一次回归，把文字送回课文，把每个字看进心里，把每个笔画刻在脑中。

（生齐读）

师：老师大概算了算，这篇课文，我们已经读了十几遍了，但是你们是否对课文中的每个字词都认得、都理解呢？老师现在要考考你们，（出示"庭"字）这个字怎么理解？

生：就是庭院的意思。

师："皆"呢？

生：是指很多、全部。

师："迸"呢？

生：喷出、溢出。

师：你们好厉害，老师竟然考不倒你们。你们都是怎么知道这些字的意思的呢？

（生七嘴八舌说从书本注释上，部分学生还指书展示）

师：是的，有些字词难以理解，我们可以借助课本上的注释去寻找答案。

师：那你们可以用自己的话来讲述"司马光砸瓮救人"的故事吗？

生：有一群小孩儿在庭院中嬉戏，一个小孩儿爬上了水瓮，跌到了水中，快淹死了。司马光手持石头击瓮，然后水瓮就破了。水涌了出来，那个小孩就活了下来。

师：他说得不错，但是漏掉了"众皆弃去"这部分，谁能帮他补充完整？

生：就是司马光的朋友们都跑了，只剩下他。

师：（投以赞许的眼神）是啊！所有人都落荒而逃，只有司马光想到办法救了落水的小伙伴。这样的司马光，给你留下了什么样的印象呢？

生：爱惜生命的人。

（学生都踊跃举手）

师：爱惜生命的人，这是爱惜谁的生命？是自己的还是别人的？

生：别人的。

师：这说明什么？

生：说明司马光有爱心。

师：还有吗？

生：聪明伶俐。

师：聪明伶俐，你从哪里看出来的？

生：因为他没有用危险的方法去救人，而用最聪明的方式救人。

师：是啊，能想到砸瓮来救人，这真是个有智慧的人呀！

（板书：智慧）

师：我们现在看看，司马光和其他小朋友相比，你觉得他又是一个怎样的人呢？

生：顾人顾己。

师：顾人是因为——

生：他看到有人落水，不仅不因害怕而逃跑，还想到办法去救人。

师：顾己呢？

生：因为他通过把瓮打碎来救人，不但救了人，更保证了他自己没有受伤。

师：是啊，多么聪明的人呀，碰到意外，还能这样沉着冷静，不能不佩服（板书：沉着冷静）。你们可以来夸一夸他吗？（随机根据学生回答生成板书）（预设：聪明、机智、勇敢、冷静）

师：一个优秀的、会读书的人，不仅要眼到、心到、口到，更要手到。这些生字老师之前让你们预习过了，还会认吗？会写吗？

生：会！

师：看屏幕上的生字，用一分钟时间，自己书空一下，特别是那些你认为特别难写的生字，认真地写一写。

师：现在我们进行听写。同学们请注意，写字时要把"三个一"做到，胸离桌面一拳、手离笔尖一寸、眼离书面一尺。听写准备——

生：头正、身直、腿放平。

（以此听写词语：庭院、登山、放弃、坚持、跌倒、司机）

师：听写结束，现在请同桌互相交换本子，我们一起来批改。请你们都当当"小老师"，对照黑板上的正确答案，认真给同学批改。老师强调一下，"放弃"的"弃"字是有两点的，千万别漏掉了中间的那个点；"跌倒"的"跌"字注意左半边的足字旁变成部首后笔画发生了改变。批改完了，请交还给同桌订正。

师：今天我们学习了传统文化文言文，领略了文言文的韵律美、司马光的品德美，让我们再一次在优美的音乐中大声诵读吧！（师生齐读）

【教学反思】

《司马光》是部编版小学语文教材中安排的第一篇文言文，文章篇幅短小，故事也通俗易懂，但是对于三年级学生来说，学习并非没有难度，因为这是他们与文言文的初次相遇。所以，在进行这一节文言文的教学设计时，第一点要考虑的便是学情。

在本节课的教学中，我认为，这是学生第一次与文言文接触，首先就要帮助学生摆脱他们一直以来对文言文的刻板印象。而朗读就是最好的方式。通过示范正音、疏通字义以及调整词句间的停顿，帮助学生熟悉古文的语感，让学生感觉自己可以从容面对，从而愿意去亲近古文。之后通过自由读、指名读、男女生赛读等方式，以及在过程中不断调整阅读的形式，让学生感觉到古文课堂是有趣且丰富的，经历多次多种不同形式的朗读后，学生几乎可以背诵，至此，完成了本课的第一个教学目标。

再者，带领学生回归原有的古文阅读方式，"竖版、甲骨文、小篆、无标点"这些元素的加入，使读书的方式不断得到创新，学生在朗读的兴趣和朗读的水平提升上有了质的飞跃。

但是，这节课还存在许多需要改进的地方。在引导学生用自己的话去讲述故事时，我认为还有许多地方需要斟酌和修改。从现场的教学过程来看，此处给学生展示的机会太少，而且故事本身学生在课余几乎都已经涉猎，教师此处应该引导学生从细节处着手，把故事讲得更精彩。另外，板书设计也略显简单。如果加上故事线索引导，恰当运用讲故事时常用的"起因—经过—结果"三要素，或许会有不一样的教学效果。

这不是一堂完美的课，但是我会让这堂课越来越好。

《三衢道中》古诗阅读教学案例

深圳市莲南小学　鞠淡宁

【内容定位】

《三衢道中》是部编版小学语文三年级下册第一课《古诗三首》中的第三首古诗。本单元课文以"可爱的生灵"为主题，选择了《绝句》《惠崇春江晚景》和《三衢道中》三首古诗展现春光里大自然中生灵的可爱与美丽。

其中，《三衢道中》描写了梅子成熟时节诗人曾几游览三衢山的见闻感受，展现了浙西山区明媚清丽的风光，抒发了诗人轻松愉快的心情。整首诗前两句写出游的天气和路线，后两句写游玩途中的所见所闻。全诗有声有色，以动衬静，以晴空、舟行、绿荫、鸟鸣构成一幅清新明丽的画面。

【学情分析】

通过第一学段和三年级上学期的学习，学生对古诗的学习要求已有一定的了解。学生从二年级上学期开始，就有了借助插图了解诗句意思的能力和结合诗句意思想象画面的学习训练。因此，结合诗句理解诗歌意思、想象画面并说出诗中描绘的景象，对学生来说虽然有难度，但经过教师适当的引导，学生学起来就会较为顺畅轻松。

《三衢道中》整首诗生字较少，诗句浅显，学生能轻松地朗读、背诵和积累，通过边读边想象画面能大致理解诗意。但由于缺乏生活常识和体验，入情入境地学习诗歌较难。

【教学目标】

（1）能准确流利、有感情地朗读、背诵古诗。

（2）认识生字"减"，会写"梅、溪、泛、减"四个生字。

（3）能借助课本注释和插图了解诗句的意思，想象诗句所描绘的画面，体会诗人的思想感情。

【教学思路】

诗人曾几在浙江三衢山游玩的时候被旅途的景色所吸引，便写下了这首记行诗——《三衢道中》。全诗清新明快，富有生活韵味，读起来更是耐人寻味。为此我以诵读为线，设计了"初读感知""精读解意""诵读入境"三个主要环节，层层推进，意图通过反复诵读、理解诗意，达到想象画面、入情入境的效果。

【教学设计】

教学设计概述

教学过程——环节（1）		
教学内容	初读感知	
教学目标	能理解诗题和诗人；感受古诗的节奏美	
核心问题	按节奏准确地朗读	
问题解决	问题情境	解决策略
	①读诗题，诗题的意思大家能读明白吗？ ②这位诗人你知多少？ ③古诗不仅要读准字音，读通诗句，还要读出诗歌的节奏。这首诗该怎样读	①教师利用字源法讲解"衢"字，根据注释和课外资料理解"三衢"。 ②教师介绍诗人和古诗背景。 ③学生自读并标画节拍；教师相机指导学生按节拍朗读；学生齐读
教学过程——环节（2）		
教学内容	精读解意	
教学目标	能弄清诗人游行时间、路线和心情	
核心问题	理解诗意	
问题解决	问题情境	解决策略
	①诗人是什么时间游三衢山的？ ②这一句你读懂了什么？ ③诗人为什么不返回而要继续走山路呢	①学生自读古诗，通过第一句并结合插图了解诗人游山的时间。 ②学生借助注释理解诗意，提炼出诗人的游玩路线。 ③根据自身生活经验，学生体悟诗人心境；有感情地朗读诗句

教学过程——环节（3）		
教学内容	诵读入境	
教学目标	感受古诗的画面美，能看图背古诗	
核心问题	想象画面，背诵全诗	
问题解决	问题情境	解决策略
	①这首诗描绘了哪些景物？ ②现在让你来为这首诗作一幅画，你会画些什么？ ③你会背诵这首诗吗	①学生默读，圈画古诗中描写的景物。 ②小组交流，教师巡视了解学情，并相机指导。 ③教师总结全诗，配乐朗读、背诵

【教学实录】

师：（亲切地，面带微笑）同学们，春天到了，处处呈现出生机勃勃的景象。鸟儿在花间翱翔，虫儿在花间嬉戏，到处都有迷人的景象。看到这幅图，你想到了哪首古诗？

生：我想到了《惠崇春江晚景》，这上面有了竹子、桃花和水鸭。

师：那你能不能背诵其中的一两句？

生：竹外桃花三两枝，春江水暖鸭先知。

师：（竖大拇指，出示整首诗）很不错，他一下子就想起来了。来，我们一起读一读。

（师生大声齐读《惠崇春江晚景》，正音，正停顿）

师：我相信下一幅图一定也难不倒大家，请看。

生：（自信十足）《绝句》，泥融飞燕子，沙暖睡鸳鸯。

师：自信的样子真棒。

师：大自然的美景总会让我们心荡神驰。今天学习新内容前，老师想考考大家。猜猜看这个字（出示"衢"字）念什么呢？

生：（齐答）衢。

师：对，这个字就是现代汉语里的衢字。衢的本意是：四达谓之衢，衢，道也。在我国浙江省有个地方就叫衢州，它还有一个别称，同学们想不想知道？

（生一齐点头）

师：我想你们读了下面两句话，就知道衢州的别称是什么了。

（师出示并朗读《隋志》《元和郡志》相关语句）

师：同学们，想一想衢州的别称是什么？

生：是三衢。

师：对，同学们真聪明呀，因为衢州市有一座山叫三衢山，所以衢州又称为"三衢"。你们想不想看看衢州的美景。

生：（大声齐答）想！

（师播放视频）

师：看完视频，那儿的美景给你留下了什么印象？

生：风景如画。

师：请说完整的句子。

生：我觉得三衢山风景如画。

师：真棒，用上了成语。今天我们就跟随诗人曾几走进三衢山。请同学举起右手一起跟老师写课题。

（板书：三衢道中）

师：来，让我们一起读课题。

生：三衢道中。（拖音严重）

师：让我们字正腔圆地再读一遍。

生：三衢/道中。

师：现在诗题的意思能读明白吗？谁来说？

生：在去往三衢山的路上。

师：（追问）你是怎么理解知道的呢？

生：（略微紧张）刚刚老师讲了三衢是一座山，"道"又有"路"的意思，所以我理解出他是在去往三衢山的路上。

师：（惊喜的表情）你真会学习，说得特别完整、正确！请坐。

师：南宋诗人曾几是位旅游爱好者，我们来了解一下。

（师出示PPT读曾几的简介）

师：诗题的意思我们明白了，对诗人也粗略了解了。同学们学过很多古诗，相信大家一定积累了一些学习古诗的好方法，你有哪些方法可以跟大家分享一下？

生：我知道想理解古诗的意思可以联系上下文，有实在不懂的可以看注释。

师：（肯定的眼神）哦，要理解诗句可以借助注释、联系上下文，这是一个不错的方法。还有谁来？

生：可以把诗句读熟。

师：嗯，读熟诗句，读通诗句，是的。还有吗？

生：想了解诗句的意思还可以借助插图。

师：同学们真会学习。还能补充吗？

生：也可以用猜的方式。

师：嗯，猜一猜，这都是理解诗意。那理解完诗意，我们还要做什么？

生：就是背诵。

师：嗯，好的古诗要积累下来。前面的同学接着说。

生：还需要入诗境，理解作者在写诗时的心情。

师：（竖大拇指）我们班的同学不仅会学习，还善于总结啊。那接下来请同学们赶紧根据自读要求自由地读读这首诗吧！

（师出示自读要求，四周巡视，相机指导）

师：都读完啦，那老师下面就检查一下大家的预习，字音能读准吗？

（出示本课生字）

生：梅/溪/泛/减。（声音大，但速度过快）

师：有点着急了，是不是？愿意再读一次吗？

生：（不好意思地点头）梅/溪/泛/减。

师：嗯，发音饱满，声音清脆，真好听。让我们一起来读。

（生齐读生字）

师：音读准了，字形能记住吗？想一想我们可以用哪些方法记住这些字？

生：看偏旁。

师：能举个例子吗？

生：有的字比较相像，我们可以通过它和另一个形近字的区别来记住这个字。

师：嗯，老师懂了你说的是通过形近字比较来记忆，你说的这个方法很不错。哪些字可以用这种方法？

生1：（想了想）"梅"，换成三点水是"海"。

（师直接竖拇指表示肯定）

生2：我是用形声字来记的，比如这个"梅"字，它是木字旁，旁边是个"每"。

师：哦，你是根据形声字形旁表义、声旁表音来记"梅"这个字的，还有哪个字可以根据这个方法记忆？

生：（看黑板思考了一会儿）还有"溪、泛"两个字。

师：嗯，做到了举一反三，棒！字形我们记住了，看看这四个字当中，哪个字最难写？

生：（齐答）溪。

师：谁能给大家一个温馨的书写小提示呢？

生：（有点着急）这个"溪"是左右结构，而且左窄右宽。左边窄一点点，右边宽一点点，书写时，右半部分要往左挪一点，爪字头要宽一点，下面的"大"也是。

师：老师发现你是一个非常善于观察的孩子，给了我们这么详尽的介绍，接下来就让我们一齐写写这个字。

（师边写边指导）

师：下面请同学们在田字格里把"溪"写两遍，注意写字姿势，头正、身直、足安。

（生坐姿挺拔，认真书写；师播放配乐，巡视指导）

师：下面我们来看看这位同学写的，谁能评价一下？

生：我觉得他第一个字写得挺好，第二个字写得有点模糊。

师：（提示）哪个地方？

生：字的右下方，他全都写得靠近田字格的底部了。"爪"字头应该靠上方写，中间的"幺"字应靠近横中线，下面的"大"字撇和捺要舒展。

师：老师觉得这位同学不仅会观察，还会评价，大家同意她的意见吗？

（生点头）

师：那根据这个同学的分析，我们再写一个"溪"字。

（生埋头认真书写，师巡视）

师：好，字会认会写了，读通诗句应该难不倒大家。下面我们看看这首诗，谁来试着读一读。

生：（很自信）梅子黄时日日晴，小溪泛尽却山行。绿荫不减来时路，添得黄鹂四五声。

师：这位女生读的时候后鼻音都非常准。谁再来？

生：梅子黄时/日日晴，小溪泛尽/却山行。绿荫不减/来时路，添得黄鹂/四五声。

师：你读出了停顿。古诗不仅要读准字音、读通诗句，还要读出诗歌的节奏。下面根据老师的提示，请试着再读一读。

（师画出节奏）

生：梅子/黄时/日日晴，小溪/泛尽/却山行。绿荫/不减/来时路，添得/黄鹂/四五声。

师：你不仅读出了节奏，而且声音很好听，让我们一齐来试读。

（师生合作齐读）

师：古诗就要这样读，读着读着，我们就读出了它的节奏，读出了诗歌的韵律，读出了诗句所表达的情感。这就是说："读书百遍——"

生：（立马接上）其义自见！

师：下面让我们再读古诗，思考诗人是什么时间游三衢山的？这首诗表达了诗人怎样的心情？你又是从诗中哪些关键字读出的呢？下面请同学们自读自学，当你有自己的思考时，请把自己的思考记下来。

（生自主学习，播放配乐，教师巡视指导，三四分钟）

师：好，同学们都在书上进行了圈点勾画，也跟同桌进行了交流。下面我们来全班交流，第一个问题：诗人是什么时间游三衢山的？

生：诗人在梅子成熟的时候来到了三衢山。

师：（点头表示称赞）嗯，抓住了关键词"梅子"。你们见过梅子吗？

（出示梅子成熟的图片，配文字"梅子黄时"）

师：梅子成熟的时候就是这样的，那梅子成熟具体是什么时节呢？

生：（继续答）具体好像是5月。

师：对，请坐。老师给大家介绍一下。

（师出示、朗读相关资料）

师：知道是什么时候了吗？

生：（齐答）知道啦！

师：（不舒服的表情）同学们，梅雨时节，由于长时间阴雨天气，草地上、树根部都会长满青苔，有时家里的地板也是湿漉漉的，晾晒的衣服不容易干透。试想一下，这样的天气带给我们怎样的感受？

生1：可能感觉很不舒服。

生2：这时候的小朋友因为外面一直下雨，不能出去玩，觉得郁闷。

（逗笑了大家）

师：（轻松地）是呀，那么诗人这次游三衢山与往年有什么不同？

生（急忙举手）：往年梅雨季节天天下雨，这次却日日都是晴天。

师：正确！日日都是晴天。

（出示"日日晴"）

师：江南梅子黄时真是难得有这样"日日晴"的好天气。谁能用一个词语来形容诗人此次出游的心情？

生：（大声且坚定）愉快！

（板书：愉快）

师：同学们真会学习，抓住一个"晴"字让我们读懂了诗人心情大好，让我们一齐来读。

（师生齐读）

师：我们可以怎样通过朗读来表达这份愉悦之情呢？

生：梅子/黄时/日/日/晴。

师：你强调了"日"，谁再来试试？

生：梅子/黄时/日——/日——/晴。

师：你将"日日"拖长了，非常棒。来，我们一齐读。

（师生齐读）

师：同学们读得有声有色。那这句你读懂了吗？

（出示第二句）

生：我读懂了这句，一开始，我不知道"泛尽"是什么意思，后来我看了注释知道"小溪泛尽"就是乘小船来到了小溪的尽头。这句连起来的意思就是乘着小船来到了小溪的尽头，下船继续走山路。

师：（点头称赞，竖大拇指，趁机追问）诗人已经来到了小溪的尽头，为什么不返回而要继续走山路呢？

生：（想了一会儿）我认为是诗人觉得难得有这样好的天气，应该好好地欣赏风景。

师：你真的好会揣摩诗人的这种心情。假如你在这么美的地方游玩，你会是怎样一种感受？（出示优美的山水图）

生1：会舍不得离开。

生2：可以用一个词来概括她刚才说的话，"依依不舍"。

生3：我也能用一个词来形容，是"不忍离去"。

师：大家形容得很准确。好，让我们带着这样的情感来读这两句。

（师生齐读前两句）

师：一个"却"道出了诗人游兴高涨。三衢道中，其乐无穷，其雅无穷，其趣无穷！来，读！

（出示后两句）

生：（齐读）绿荫/不减/来时路，添得/黄鹂/四五声。

师：此时诗人又有什么意外的收获？

生：在半路时，诗人发现这里的绿荫一点儿也不比来时的路上少。就在这时，他还听到几声黄鹂的叫声，让他的心情更加激动。

师：嗯，更加激动、更加愉快。让我们一齐来看一看。

（出示黄鹂的图片，播放黄鹂的叫声）

师：绿树成荫，爽静宜人。伴着黄鹂的叫声，怎能不让人心情舒畅愉悦呢？读——

生：（高声）绿荫/不减/来时路，添得/黄鹂/四五声。

师：同学们读得真是有滋有味。这一添一减又给了诗人多少情趣啊！黄鹂是诗人经常歌咏的对象，在古诗词里也经常出现，比如这句：

（相机出示图片和诗句）

生：两个黄鹂鸣翠柳，一行白鹭上青天。

师：你还知道——

生：独怜幽草涧边生，上有黄鹂深树鸣。

师：还有我们今天学习的——

生：绿荫不减来时路，添得黄鹂四五声。

师：这次出游，诗人不仅收获了美景，还获得了一份舒畅的心情，真是不虚此行啊！那么，这首诗主要写了哪些景呢？

生：写了梅子的样子，还有小溪、绿荫、黄鹂。

（板书：梅子、小溪、绿荫、黄鹂）

师：说得真准确啊！诗人正是借助景物来抒发自己愉悦心情的，这种写法就叫借景——

生：（齐接）抒情。

师：用这些景象来表达自己愉悦的心情，让我们带着愉悦的心情齐读整首诗。

（出示整首诗，生齐读）

师：学到这儿，这首诗谁会背了？

（出示梅子、小溪、绿荫、黄鹂的图片）

生：梅子/黄时/日日晴，小溪/泛尽/却山行。绿荫/不减/来时路，添得/黄鹂/四五声。

师：真不错，送上掌声。来，让我们一齐背一背。（生齐背整首诗）

师：这首诗是一幅出行图，也是一幅风景画。如果让你来为这首诗配一幅画，你会画些什么？

生：我首先会把梅子画得黄黄的，画小溪要青翠些，上面还要加上船和诗人。绿荫画得多一些，微风轻轻地吹着，诗人在路上走着，树枝上还有几只黄鹂正张着嘴，好像在唱歌。

师：同学们听一听，她在说这幅画的时候，整个画面仿佛呈现在我们的眼前。这就是有声有色、动静相间的一幅画面，还有谁也想画一画？

生：我会画土黄的梅子、晴朗的天空、广阔无边的小溪、翠绿的山和鸣叫的黄鹂。

师：掌声送给他，虽然简短，但画面感特别强。

师：诗歌那么优美，可吟可诵，可读可唱，最后让我们一起跟着旋律来唱一唱《三衢道中》。

（生跟着配乐，拍手齐唱）

师：同学们，刚才看你们的表情，老师觉得特别愉快。很高兴我们今天一同游览了风景优美的"三衢道中"，今天的课就上到这里，同学们再见！

【教学反思】

《三衢道中》是一首浅白易懂又趣味十足的即兴诗。全诗有声有色，以动衬静，以晴空、舟行、绿荫、鸟鸣构成一幅清新明丽的画面。诗人乘兴而来，尽兴而归，短短二十八字，美景中融入舒畅愉悦的心情，读起来耐人寻味，符合孩子们的阅读兴趣。

设计教学过程时，我先从重难点入手，由易渐难，有层次地展开教学活动，因此教学流程是复习导入—初读感知—精读解意—诵读入境。根据课堂实际效果和学生的反馈来看，本节课有以下亮点。

1. 教学环节清晰，衔接自然

先看图复习本课前两首古诗，自然引出本课内容，再从诗题"衢"字入手讲解衢州由来和诗人写作背景。以此初读古诗，让学生对诗句内容留下初步印象。紧接着以理解诗意为目标，围绕"时间""路线""发现"和"心情"等关键词，巧设多种问题，使各种活动环环相扣，过渡自然，整节课也因此流畅清晰起来。

2. 课堂扎实，学生学有所得

无论是生字练写还是尝试配画，都有的放矢，让学习真实发生。例如，指导生字"溪"时，讲、练、评三者结合让学生自学自评；体会诗人高涨的游兴时，引导学生结合自身生活经验去体会由多日阴雨转为日日晴的舒畅之情。

另外，本节课还存在许多不足之处，如教师的引导语过多，略显啰唆，应将更多的课堂话语权还给学生，同时对学生的点评不够精准，"好听""真棒"的表扬或简单重复学生的回答这种点评意义不大，应思考给出恰当准确的评语。个别教学环节还需优化，当教师在引导学生梳理学习古诗词的方法时，学生理解成"理解诗意"的方法，说明问题的指向性比较模糊。

这节课上完，我感叹学生们迅敏的思维能力和优美的表达能力。他们学得情趣盎然，课堂也活泼生动起来，真是教学相"涨"啊！在以后的教学中，我将进一步力克弊端，争取在古诗教学上日臻完善。

《孤独的小螃蟹》"快乐读书吧"阅读教学案例

深圳市莲南小学　曾雪冰

【内容定位】

《孤独的小螃蟹》是部编版小学语文二年级上册第一单元"快乐读书吧"的推荐书目，是我国儿童文学作家冰波写的童话集。其中，《孤独的小螃蟹》主要写的是小螃蟹的好朋友小青蟹离开后，它在思念、等待的同时，做了很多事情，如帮助小纸鸟自由飞翔、用可乐罐敲鼓、帮狮子王剪头发、用大钳子救了小乌龟等，战胜了孤独，收获了友谊，也实现了成长的故事。

在一年级"读书真快乐"及"读读童谣和儿歌"的基础上，本次"快乐读书吧"的主题是"读读童话故事"。"书目推荐"引导学生发挥想象力读童话，通过书名猜主人公和情节。"提示语"有以下两点：一是要"认识书的封面，知道书名和作者"；二是让学生交流保护图书的方法。

本课学习重点是通过观察封面猜测故事，激发学生的阅读兴趣，渗透读书的方法和策略。

本课学习难点是引导学生认识到爱护图书的重要性，初步养成爱护图书的良好习惯。

【学情分析】

二年级学生有一定的识字量，富有好奇心，兴趣广泛，"快乐读书吧"推荐的童话故事新奇有趣，文字浅显易懂，适合二年级学生阅读。但这是他们第一次阅读比较长的故事，家长对孩子的课外阅读重视程度不同，并且在一个学期之内要完成多个故事的阅读，教师必须精心指导阅读，组织阅读活动，才能完成阅读教学任务。

本册语文书每个单元的"和大人一起读"改为了"我爱阅读"，说明学生一年级时由大人陪读的阅读形式要转变为自主阅读。学生拿到一本新书，常常会马上翻阅，快速浏览，然后跟老师和家长说看完了，其实他们并没有好好感悟书中的内容，因为他们还没有掌握阅读的方法。

《孤独的小螃蟹》语言优美，富有诗意，行文中流露出小螃蟹淡淡的忧郁、孤独，后来小螃蟹在找小青蟹的过程中遇到了很多事，每一次都会有所感悟、有所成长。学生如果只是泛泛而读，自然是体会不到的。另外，二年级大多数学生还停留在"老师、家长让我读书"的阶段，对书籍的认识还不够充分，不会主动去爱护图书、珍惜书本，因此在本课学习中要强化保护图书的意识。

【教学目标】

（1）引导学生认识书的封面，了解书名、作者等基本信息，激发学生的阅读兴趣。

（2）使学生初步养成爱护图书的好习惯。

（3）使学生感受课外阅读的快乐，乐于与大家分享阅读的收获。

【教学思路】

"快乐读书吧"的编排是为了实现课外阅读课程化。低学段阅读指导的核心目标是激发、促进和保持学生的阅读兴趣。教师必须分阶段组织阅读活动，一般可以分为三个阶段。首先是新书导读，通过设置悬念或者让学生猜测故事情节，激发学生的阅读兴趣；其次是阅读推动课，可以用学习单、换标题等方法让学生保持阅读的热情；最后是安排一节阅读分享课，可以开展对书中角色、主题的探讨或者回顾书中精彩的情节。本课例主要研究第一阶段，即新书导读。

《孤独的小螃蟹》是学生在小学阶段刚接触的比较长的童话故事，作者冰波非常擅长写充满童趣和温情的童话，以此守护孩子纯真的童心。这是一部温暖人心的作品，小螃蟹的好朋友小青蟹离开了它，小螃蟹很难过，很想念小青蟹，后来它帮助小纸鸟实现自由飞翔的愿望，把可乐罐当成鼓敲给同伴听，帮狮子王剪头发，还用大钳子救了小乌龟。在这个过程中，它有了更多的好朋友和邻居，最后，小青蟹也回来了，它们都长大了。

指导学生阅读时，教师要通过认识封面、作者，根据书名猜故事情节等活动来激发学生的阅读兴趣，在细节中强化学生爱惜书本的意识，如请学生把书本放在合适的地方，翻书要轻，看书前要洗手等，在实践中培养学生良好的阅读习惯。再通过设计学习单推动学生继续阅读，把握每一章节的主要内容，体会小螃蟹的心理活动，感受小螃蟹的成长。

【教学设计】

教学设计概述

教学过程——环节（1）		
教学内容	认识书的封面、封底和作者	
教学目标	（1）学会从封面、封底中获取信息。 （2）渗透读新书的方法，培养良好的阅读习惯	
核心问题	了解封面和作者，掌握读新书的方法	
问题解决	问题情境	解决策略
	①你从封面上知道了什么？ ②看看封底，又告诉我们什么？ ③你知道冰波是谁吗？ ④总结看书的方法	①学生自由发言，说出书名、主角、出版社、作者等信息。 ②请学生读一读封底上的介绍。 ③学生发现封面的勒口处有作者简介，读一读简介。 ④写一写图书资料卡

教学过程——环节（2）		
教学内容	读书名，猜故事	
教学目标	通过猜想和预测，激发学生的阅读兴趣	
核心问题	发挥想象力，创想情节	
问题解决	问题情境	解决策略
	猜一猜小螃蟹为什么孤独	①学生充分发挥想象，小组讨论，积极发言。 ②教师不断肯定，鼓励学生

教学过程——环节（3）		
教学内容	读故事开头，享受阅读	
教学目标	了解故事的开端，推进章节阅读	
核心问题	促进学生保持阅读的热情	
问题解决	问题情境	解决策略
	①小螃蟹为什么孤独？ ②小螃蟹在找小青蟹的过程中发生什么事了呢	①自由阅读第一章，找到原因。 ②制作学习单，布置阅读任务，梳理情节

【教学实录】

师：（热情大方地）亲爱的同学们，我们的新书《孤独的小螃蟹》终于到手了。请同学们轻轻地拿在手上，书本是我们的好朋友，我们要轻轻地翻书，可不要折坏了。

（学生听完，小心翼翼地捧起书）

师：（微笑着）现在请同学们观察一下书的封面，从封面上你知道了什么？

（教师用眼神和手势示意学生举手）

生：我知道了书的名字是《孤独的小螃蟹》，是冰波写的。

师：（竖起大拇指）你真能干！

生：出版社是长江文艺出版社。

师：你很会观察！（摸摸他的头）

生：（激动地）还有螃蟹、乌龟、青蛙。

师：（看着女生）不着急，慢慢说，请你把话说完整。

生1：我看到封面上有一只螃蟹，它看着前面的可乐罐，后面还有小乌龟和青蛙。

生2：旁边还有很多花朵，上面还有月亮。

生3：可能是晚上。（学生已经迫不及待地开始抢答、猜测）

师：果然是"众人拾柴火焰高"，你们发现了封面上有书名、作者、插图、出版社，那封底会有什么呢？快看看吧！（满怀期待地）

生：这本书20块钱！

（惹得大家哈哈大笑）

师：你说得没错，还有什么呢？

生：（读封底的介绍）《冰波温情童话》系列精选了著名儿童文学作家冰波先生的中短篇童话，这些童话有的被收入了统编小学语文教科书，有的荣获各种奖项，是献给学前和小学低年级孩子的童话精品。冰波先生的童话充满童趣与诗意，在温情的世界里守护着孩子纯真的童心。

师：（走近学生）你读得真响亮，同学们都听得很认真。书的封底写的常常是别人对这本书或者这位作者的评价。有谁还知道作者冰波的其他信息？

生：在这里！（指着封面折进去的勒口说）冰波，本名赵冰波，是著名儿童文学作家。出版的作品曾多次荣获全国"五个一工程奖"、国家图书奖、全国优秀儿童文学奖等。

师：你真机灵啊，这都被你发现了！让我们一起看看更详细的介绍吧！

（出示冰波的照片和文字介绍：冰波，本名赵冰波，杭州人，出版童话180余本，2000余单篇，动画片剧本230余集，是当代中国童话作家的杰出代表，代表作有《月光下的肚肚狼》《蓝鲸的眼睛》等。1997年写的《孤独的小螃蟹》获得精神文明建设"五个一工程奖"。）

生：（边听介绍，纷纷表示惊讶）180本！2000多篇，还写动画片呢。

师：是啊，当我们拿到一本新书，先从封面、封底和作者入手，这样可以帮助我们初步了解故事，为阅读做好充分的准备，现在我们先完成图书资料卡吧。

图书资料卡

书名	
作者	
出版社	
主角	
这本书曾获什么奖	

（学生写资料卡，教师巡视并提醒学生注意书写工整）

师：（赞赏地）看啊，冰波先生写的童话有的被选进语文书里，有的获了很多大奖呢！他写的故事一定很精彩！你们想看吗？

生：（齐声说）想！

师：这本书的书名是《孤独的小螃蟹》，小螃蟹为什么会孤独呢？可能发生什么事了？请同学们四人小组讨论一下，猜一猜，开始吧！

（学生进入讨论环节，热情高涨。有的学生在猜想时流露出同情，有的在猜想中哈哈大笑）

（教师拍两下手掌）

（学生拍两下手掌，第三下手放好，保持安静）

师：（满怀期待）谁先说？

生：（小声地）它可能是走丢了。

师：（拍拍女生肩膀，示意坐下）哦，是呀，可能是走丢了，所以感到孤独。

生1：（有些拘谨地）可能是因为没有朋友。

生2：会不会是爸爸妈妈离开了它？

生3：也许是别人不愿意跟它玩，说不定它很调皮，是一只爱捣蛋的小螃蟹！

（其他学生发出笑声）

生4：还有可能被小伙伴嘲笑。

生5：它住的地方没有水了，被迫离开家。

（学生各抒己见，想象力丰富）

师：你们真是一群有创意、有想象力的小家伙，听了你们的预测，我真的等不及了。让我们翻开书本第一页，读一读第一章"小青蟹不见了"，找一找答案吧！阅读时，请保持头正身直。注意翻书时，尽量小声，不能让书本发出敲桌子的声音，不然会影响别人。更重要的是要学会爱护书本，不能在书上乱涂乱画。开始阅读吧。

（学生安静地阅读第一章，5页，预计5分钟看完，教师巡视）

生：（可惜地）原来小螃蟹孤独是因为它的好朋友小青蟹离开了。

师：小青蟹为什么要离开？

生1：因为它觉得每天晒太阳傻乎乎的。

生2：它想找一个更好的地方。

生3：它觉得太无聊了吧。

师：是的，小青蟹可能想出去看看世界。每天都在一起的好朋友离开了，小螃蟹真难过啊。它难过的时候都做些什么呢？

（学生带着问题，边阅读边思考）

生：它还是每天都敲敲墙壁。

生：它在洞口坐到天黑，可能想等小青蟹回来。

生：它吐泡泡。

师：（眼睛看向男生）吐泡泡？能说完整一点吗？

生1：（看着书读）小螃蟹就吐一大堆泡泡，把自己藏起来。它难过的时候，总是这样的。

生2：小螃蟹会想小青蟹，会想它可能在做什么。

师：是的，我听了也觉得很难过。自从小青蟹离开了，小螃蟹感到很孤独，它每天想念小青蟹，每天晚上睡觉前敲敲小青蟹的墙壁，还会吐泡泡把自己藏起来。你难过的时候会做什么呢？

生：（不好意思地）我会哭。

师：这是一种发泄情绪的好办法呀！

生：我会告诉爸爸妈妈或者我的朋友。

师：可惜小螃蟹正是因为最好的朋友不在身边，它才这么伤心、难过。你觉得小螃蟹会一直像这样什么都不做，只是在家里等待小青蟹吗？

生1：我觉得它会一直在泥洞里等，因为它不想离开它的家。

生2：它应该会去找小青蟹，因为它实在太想念小青蟹了。

生3：真希望小青蟹赶紧回来啊！

师：更多精彩片段就在后面的章节里，请同学们回家阅读剩余的第二至六章，完成学习单。

小青蟹离开以后，小螃蟹遇到了谁？做了什么？写一写它的心理活动。

答案预设

小纸鸟	帮小纸鸟画上小鸟，自由飞翔	小纸鸟在为自己飞
咚咚鼓	敲鼓	敲鼓的时候会忘记小青蟹
树的眼泪	带回洞里	小青蟹还认识我吗
狮子王	帮它剪头发	我会给狮子剪头发
小乌龟	救了小乌龟	以后，我白天也要出去

师：我们明天还要继续分享《孤独的小螃蟹》的阅读收获，可不能把书本弄丢了哦。

生：（自信满满地）老师放心吧！我会好好保管它，看完了会记得把书本先放进书包！

师：你真棒！我们都向你学习！最好在看书之前，先把手洗干净，让书本始终保持干干净净的！

【教学反思】

"快乐读书吧"的编排是"课外阅读课程化"理念的具体体现，要求教师必须在课堂上加强阅读策略的指导。《孤独的小螃蟹》的故事内容是小螃蟹和小青蟹是一对形影不离的好朋友、好邻居，有一天小青蟹要去找更好的地方住，离开了小螃蟹。小螃蟹很孤独，但它并没有封闭自己，放弃生活，它做了很多有意义的事情，如帮助小纸鸟、给狮子理发、救小乌龟……它收获了很多好朋友，最后小青蟹也回来了，它们都成长了。读这个故事，我感受到了小螃蟹慢慢战胜孤独的过程，小螃蟹从独自伤心难过、吐泡泡把自己藏起来到走出去、寻找小青蟹，当别人有困难时伸出援手，帮助他人，最后学会了分享快乐和悲伤，也得到了伙伴们的赞赏。

指导阅读《孤独的小螃蟹》时，我计划分为三个阶段：首先，通过阅读封面封底信息、作者介绍、根据书名猜情节等策略，激发学生的阅读兴趣，并做一张新书资料卡，让学生学会阅读新书的方法；其次，通过猜想小螃蟹为什么孤独、它在孤独的同时做了哪些事等问题，推动学生继续阅读后面的章节；最后，回顾故事的精彩情节，分享阅读的收获。本课主要完成第一阶段的任务，学生们拿到书以后已经迫不及待要翻开看了，这时我让他们说说从封面封底上知道了什么。问题看似简单，但有的学生观察会有遗漏，因此学生们积极举手，互相补充，最后一起简单地把信息填写在资料卡上，旨在引导学生全面获取信息。

在看书名猜故事的环节中，我让学生们先在四人小组内充分讨论，激发学生的表达欲望，提高学生的课堂参与。在讨论中教师要巡视，及时引导讨论的规则，保证每名学生都参与说或者听，对平常比较内向的学生要给予肯定、鼓励。讨论以后，请多名学生分享自己的观点，有的学生猜是因为小螃蟹没有朋友，有的学生猜小螃蟹并不受欢迎，还有的学生认为小螃蟹是走丢了……这时候，学生是联系生活和自己的情感体验来想象的，我觉得已经激起了学生的阅读兴趣。接着我们马上进入故事，阅读故事的开头，找到了原因，品读了小螃蟹的孤独。

一千个读者就有一千个哈姆雷特。阅读最重要的是尊重读者的个性化感受，在指导阅读时，一定要留有时间给学生自己读。而爱护图书的习惯则应该在实践中落实，在本节课中，我没有特意安排讨论如何爱护书本，而是在每个环节中都提示学生并要求马上实践，如要看的书应该整齐地放在桌面上，不看时应该收在书包里，要轻轻地翻书，不能折页，有时候需要做简单的读书笔记，但不能乱涂乱画。

阅读是一件幸福的事，能和学生一起分享阅读，感受书中的智慧是教师的幸运。在这节课中，我始终作为一个引导者，尽一切能力把读书的时间还给学生，把发言的机会还给学生，让学生在阅读中快乐成长。

《桥》精读课文阅读教学案例

深圳市莲南小学　唐英

【内容定位】

《桥》是部编版小学语文六年级上册第四单元中的一篇精读课文，在第四组课文中，这是首篇课文。第四组课文的主题是"小说"，选这篇课文的目的是让学生掌握正确的阅读小说的方法——要关注环境、情节，感受人物形象。

【学情分析】

这篇课文主要写了一位党支部书记面对突如其来的灾难，通过自己的镇静以及威严，将村民们送上脱离死亡的生命桥梁。他将一切希望都给予他人，却自己承受牺牲的危险，以自己的血肉之躯成功地搭建起巨大的"桥梁"。这座桥梁为先进党员和广大人民紧紧联系的"桥"，这也是课文将"桥"作为题目的内核深意。对六年级的学生来说，通过人物行为来感知人物内心的课文，已接触过多篇，但是让学生关注环境、感受人物形象有一定难度。

【教学目标】

（1）让学生关注情节，概括课文内容。

（2）让学生找出课文中描写环境的句子，初步体会这些描写对表现人物形象的作用。

（3）通过老支书的语言、神态和动作描写，体会人物形象，令学生深切体会党支部书记无私奉献、不惜舍弃自己生命的高尚品格。

（4）拓展阅读《丰碑》《"诺曼底"号遇难记》，引导学生关注环境、情节，感受英雄形象。

【教学思路】

首先，提前预习，激发兴趣。在学生充分预习的基础上，引导学生关注情节，初步把握课文内容。其次，启发引导，主动参与。让学生寻找到课文里主要描写环境的语句，感受环境描写的用途，关注老支书的神态、语言、动作描写，让学生逐步感受到老支书的高尚品格。最后，延伸阅读，提升能力。自由阅读《丰碑》和《"诺曼底"号遇难记》片段，实现学法迁移，体会人物品质特点，感悟英雄形象。

【教学设计】

教学设计概述

教学过程——环节（1）		
教学内容	默读课文，简单了解课文的大致内容	
教学目标	学会把一篇长课文读成短短的一句话	
核心问题	在学生充分预习的基础上，引导学生关注情节	
	问题情境	解决策略
问题解决	①出示词语并让学生熟读，再让学生观察这两组词语所描写的对象。 ②通过这两组词语的提示，你能概括文章内容吗	①这两组词语描写的主体，其实就是课文里的洪水和无私帮助他人的老汉。 ②学生通过发现词语间的联系，抓住关键词，概括文章内容
教学过程——环节（2）		
教学内容	精读课文	
教学目标	关注环境、情节，感受英雄形象	
核心问题	想象画面，有感情地朗读	
	问题情境	解决策略
问题解决	①默读课文第1~6自然段，在课文中寻找有关洪水、大雨描写的语句，然后将其勾画或者用荧光笔凸显出来，简述自己的体会。 ②默读课文第7~23自然段，寻找和描写老汉有所关联的语句。留意老汉的语言、动作、神态，思考老汉的人格品质	①学生默读，画出相关句子，教师巡视提醒，了解学情；教师依学指导，学生汇报，教师板书。 ②学生继续默读，并抓住关键词和重点句子，体会人物情感；学生汇报，教师板书
教学过程——环节（3）		
教学内容	拓展阅读	
教学目标	延伸阅读，提升素养	

续 表

教学过程——环节（3）		
核心问题	学法迁移，提升能力	
问题解决	问题情境	解决策略
	①自由阅读《丰碑》，概括故事主要情节，谈感受。 ②拓展阅读《"诺曼底"号遇难记》片段，感悟英雄形象	①学生默读，关注情节。 ②学法迁移，提升能力

【教学实录】

师：（微笑地）今天，我们一起来学习《桥》这篇课文，我们大家一起读课题——《桥》。

生：（大声齐读）桥。

师：昨天我们已经对课文有充分的预习，那么，现在我要检验大家掌握生字词的熟练程度，你们能不能顺利过关呢？我希望同学们大声朗读下面的词语。（出示课件）

咆哮　狞笑　放肆　势不可当

拥戴　清瘦　沙哑　揪出　豹子

师：我想找一个小组以开火车的形式轮流读。

（指定小组轮流读词语）

师：不错，这位同学的声音特别洪亮，我很喜欢。请你带着大家再读一遍。

（生带全班学生读）

师：读得真好。请大家继续对这两组词语进行观察，了解其所描写的内容。

生：我发现第一组、第二组词语分别描写的是洪水及老汉。

师：这位同学回答得真好，说明你对这篇课文的内容非常熟悉。你能就"洪水"和"老汉"这两个重要的词汇简述课文所描写的事情吗？

生：面对极为汹涌的洪水，老汉沉着镇定地指挥村民过桥，可是他自己却牺牲了。

师：真好，你能把一篇课文读成短短的一句话。

师：一场无情的灾难，让村庄的安宁被打破。现在，让我们一同步入黎明，重点来关注这场突如其来的洪水。

师：请全体同学打开语文课本第54页，仔细默读第1～6自然段，将课文内描绘洪水以及大雨极为细致的语句用自己喜欢的颜色笔画出，谈谈自己的感受。

（生轮流汇报）

生：请大家看第1自然段这句话，"黎明的时候……像泼，像倒"。

师：如果让你用成语形容这一场雨，你可以联想到什么词呢？

生：倾盆大雨、瓢泼大雨。

师：你感受到了什么？

生：雨突然大起来，像从天上往下泼水一样，像从盆里往外倒水一样，雨很大。我感受到雨来势凶猛。

师：是的，你回答得真好。抓住关键句，发挥想象，感受到雨水之大。接下来分享的同学，要结合句子谈自己的感受。还有谁愿意分享？

生：请大家仔细看第2自然段，"山洪咆哮着，像一群受惊的野马……势不可当"。在这句中运用比喻的修辞手法，将咆哮的洪水比喻为受惊的野马，令我体会到洪水的恐怖，也写出了当时形势危急。

师：你真会学习，分享继续。

生：我来分析第3自然段这句话，"近一米高的洪水……路上跳舞"。我认为跳舞让人身心愉快，可是此时一米多高的洪水，在路面上跳舞，我感受到洪水的放肆和可怕。

师：是呀，洪水就像魔鬼一样。还有谁愿意分享呢？

生：请大家看第5自然段，"死亡在洪水的狞笑声中逼近"。"狞笑"这一词汇将拟人修辞运用得极为到位，并且这一词汇生动地表现出洪水极为恐怖之感。

师：说得真好。看，老师也把这些句子全带来了，想一想，这些句子都是什么描写？

生：环境描写。

师：是的，这些描写环境的句子令我们体会到，这时环境已经极为危险，为后面山洪暴发做铺垫。从这里我们能够了解到，环境描写能够帮助故事情节继续发展，烘托气氛，为下文发展埋下伏笔，聪明的你一定学会了。让我们齐读这四个描写环境的句子。（出示四个描写环境的句子）

生：（有感情地齐读）黎明的时候，雨突然变大了……山洪咆哮着，像一群受惊的野马，从……近一米高的洪水已经开始在路上跳舞……死亡在洪水的狞笑声中逼近。

师：听了同学们的朗读，老师感受到这场洪水的恐怖，死神仿佛即将降临。整个村庄面临危险，村民的生命危在旦夕。在这个紧急时刻，假如你是村民中的一员，你的第一反应是什么？

生：赶紧逃命，没有什么比自己的生命更重要。

师：但是文章中的村民又做出什么行为呢？请大家反复跳读课文，使用文内的句子作答。

生1：一百多号人你拥我挤地往南跑。

生2：人们又疯了似的折回来。

……

师：你感受到人们怎么样？谁能抓住关键词说说呢？

生：从"你拥我挤""跌跌撞撞""疯了似的"这几个词中，可以看出村民们当时非常惊慌。

师：是的，这时村民是否有路可走？

生：有。东、西面都没有路，但是在北面有座桥。

师：这时，北面这座并不宽的木桥在人们心中象征着什么？如果要给这座桥取名字，你想怎么取？

生1：这是一座能够使人们获救的桥，我想取名为"生命之桥"。

生2：还可以取名为"希望之桥"。

师：是的，你们取的名字很贴切，这是人们心目中的生命之桥，更是村民们活着的希望啊。在极其重要的关键时刻，村民们都在惊慌中逃生，仅有一人没有这样做，他是谁？

生：党支部书记。

师：是的，他就是党支部书记。我们一起走进他的世界，看看面对如此可怕凶猛的洪水，他的表现如何。

师：继续默读课文第7~23自然段，在其中找到和描写老汉有关联的语句，留意老汉的语言、动作、神态，思考老汉的人格。最佳的默读姿势为在你的桌子上将教材平放，手中握笔，保证随时能够记和画。

师：准备好的同学，现在可以开始分享。

生：请大家默读第8自然段，"老汉清瘦的脸上淌着雨水。他不说话，盯着乱哄哄的人们。他像一座山。老汉瘦弱的脸庞雨水滴滴落下，他沉默不语"，我感受到老汉非常镇定。

师：哪个词最能表现老汉的镇定？

生："盯"字。

师：他想用自己的眼神为人们传达什么？

生：告诉人们不可以拥挤，必须按秩序排队。

师：看来你已经能够理解老汉的眼神。老汉是一个怎样的人？

生：请大家看第10自然段，"老汉沙哑地喊话：'桥窄！排成一队，不要挤！党员排在后边！'"我发现老汉说的话很短，而且还有三个感叹号，他说的话很有力量。他让党员排后面，我感受到他先人后己的精神。

师：是的，死亡在逐步靠近，人们的生命已经受到威胁，老支书的嗓子已经沙哑得无法说话。请大家读老汉说的话。

生："桥窄！排成一队，不要挤！党员排在后边！"

师：是的，党员就应该把活着的希望留给群众。老汉还是一个怎样的人？

生：请大家看第15自然段，"老汉突然冲上前，从队伍中揪出一个小伙子，吼道：'你还算是个党员吗？排到后面去！'"我体会到老汉是个不徇私情的人。

师：这是一位大公无私的父亲，他的心中有一个大我，那这位老汉就不爱自己的孩子吗？

生：老汉爱他的儿子。

师：你从哪里看出来？

生：请大家看第20自然段，"老汉吼道：'少废话，快走。'"他用力把小伙子推上木桥。在已经极为危险的时刻，老汉将自己的儿子往木桥上推。从中我体会到老汉极为珍爱自己的儿子。

师：是啊！父爱如山。这时候，木桥塌了，小伙子被洪水淹没，一刹那，老汉也被洪水淹没了。他们都将活的希望给予他人，自己却保留着死的危险。这二人为全村人架起了"生命之桥"！

在这个世界上，还有许多这样舍己为人的英雄，让我们继续阅读《丰碑》《"诺曼底"号遇难记》。

［阅读提示：重点关注环境、情节，留意人物（语言、动作、心理），感受人物形象。］

师：同学们都在认真默读，很好。默读完《丰碑》这篇短文，谁愿意分享自己的感受呢？

生1：红军在行军时，军需处长为每个人发放棉衣，但是自己却因为没有棉衣而冻死。我觉得这位军需处长好伟大。

生2：军需处长不怕牺牲、舍己为人，太令人敬佩了。

师：是的，所以胜利必须属于这样的队伍，这崇高的红军精神就是一座丰碑。我们继续默读《"诺曼底"号遇难记》片段。

师：默读完了吗？谁又愿意来分享呢？

生1："诺曼底"号不幸遇难，哈尔威船长指挥人们逃生，使所有人获救，而自己却随船沉没。他真的好勇敢。

生2：哈尔威把自己的船长职责表现得极为到位，他始终恪尽职守，有着甘于奉献、大公无私的精神。

生3：我还感受到他临危不惧、英勇献身的崇高精神。

师：关注环境、情节，感受人物形象是本单元的阅读目标，希望同学们掌握这种阅读方法继续阅读，提升阅读素养。

【教学反思】

本学期，我紧跟莲南小学课堂改革的步伐，以《桥》一课为案例，进行"基本式+变式"的课堂教学推进策略研究，以下是关于《桥》这篇课文教学设计的反思。

首先，提前预习，激发兴趣。在课堂教学中，课前预习这一步骤必不可少，教师通过学习单明确提出课前预习的要求，能够让学生获得智慧，提升课堂效率，打造高效课堂。于是，在对《桥》这篇课文进行教学前，我设置了为学生提供学习预备的方案，主要通过"学习单"的形式，提前让学生自行学习生字词，熟练掌握《桥》这篇课文的基础内容；让学生默读课文，并以"四格漫画"形式梳理故事情节；引导关注思考课后题，初步感受党支部书记的人物形象。这一步就是"基本式"中的"预学"——让学生通过充分预习，提前把握文章内容，了解《桥》的故事背景，并关注环境、情节，初步感受人物形象。在"预学"的过程中，我把握学生的兴趣动机，贴近学生的学习需求，为学生自主学习服务，促进学生能动学习。

其次，启发引导，主动参与。课中环节，我设计了多元对话、互动交流、疑难点拨的互动学习方案，循循善诱，激活思维，让学生多维度、多角度参与学习过程，有目的、有计划地将学生的学习过程转化成学进去、悟出来、说出来的深度学习活动过程，落实以学定教、以学评教、以学研教、以学立教。例如，在梳理《桥》这一故事情节时，我让学生以提前画好的"四格漫画"为依据，即用四个简单的画面抓住"洪水""老汉"这两个关键词去概括故事情节，把一篇课文读成简单的一句话。接着让学生重点默读第1~6自然段，并画出课文中描写洪水、大雨的语句，简述自己的体会。通过朗读想象，引导学生发现这些句子都是环境描写，写出洪水的凶猛可怕，衬托出当时形势危急。再引导学生对比村民和党支部书记的表现，在极其重要的关键时刻，人们都在慌乱之中逃生，而党支部书记却镇定自若、沉着冷静、有序地指挥人们过桥。他为人们顺利逃生抢得了先机，而党支部书记自己却牺牲了，从这里感受到党支部书记舍己为人、大公无私的光辉形象。这是"导学"——时刻以学生为核心，发挥教师的主导作用，将实现"三维目标"作为切入点，循循善诱，主动参与，辅助学生将学习方法应用熟练，引导学生学会学习、自主发展。

最后，学法迁移，提升能力。在《桥》这篇课文中，党支部书记用自己伟岸的身躯为全村人架起了一座"希望之桥"，在这个世界上，还有许多这样舍己为人的英雄。于是，我以课文《桥》为例子，教学生关注环境和情节，关注人物语言、动作、心理，感受人物形象的阅读方法，继续带领学生阅读《丰碑》和《"诺曼底"号遇难记》片段。默读完后，学生们各抒己见，有的学生关注环境描写，感受到行军途中，尽管环境恶劣，但是红军们依然不怕困难、勇往直前；有的学生重点关注情节，归纳出这篇文章的大意；还有的学生重点留意军需处长冻死时的神态描写、外貌描写，感受军需处长不惜舍弃自己的生命来帮助他人的精神。当默读完《"诺曼底"号遇难记》片段后，学生体会到哈尔威恪尽职守、大公无私、勇敢担当、临危不惧、英勇献身的精神，真是一位伟大的英雄。这就是课堂中的"练学"，这一步的课堂设计与实施，我让学生掌握有效的阅读方法，以精读课文带略读课文，激发学生内生动力，启发学生自觉自悟，实现学法迁移，体会人物品质特点，把课堂营造成情感共鸣和思想共生的学习场域。

《不会叫的狗》略读课文阅读教学案例

深圳市莲南小学　胡奕静

【内容定位】

《不会叫的狗》是部编版小学语文三年级上册第四单元中最后一篇略读课文。第四单元是学习阅读策略单元，是本套教材首次以阅读策略为主线组织的单元内容。本单元旨在引导学生学习并掌握基本的阅读策略，有运用阅读策略的意识，初步学会运用阅读策略，成为积极的阅读者。

《不会叫的狗》是一篇童话故事，讲述了一条小狗的奇特经历。教学《不会叫的狗》这篇课文的主要目的是让学生根据已有的阅读体验，学会边阅读边预测故事的发展和结局，并将自己的预测与原文进行比较，体会预测的多样性，感受预测的乐趣，在此基础上能运用预测策略阅读课外书。

本课核心问题是能一边读一边预测故事的内容，并做到预测有依据，感受边阅读边预测的乐趣。

本课学习重点是能运用"预测"这一阅读策略。

本课学习难点是预测故事的结局，并将自己的预测与原文进行比较，体会预测的多样性。

【学情分析】

童话这种题材的文章因其趣味性和浅显易懂深受低年段孩子的喜爱。从一年级开始，每学期都学习童话这类体裁的课文，其中大部分童话故事都有相同的特点——采用反复的手法推进情节的发展，再加上本课内容不难，因此，多数学生能自主而又富有兴趣地阅读文本。教师可以借助阅读策略这一抓手，精心指导阅读教学，组织阅读活动，进一步激发学生的阅读兴趣，培养学生的阅读习惯。

本单元的前两篇课文中，《总也倒不了的老屋》是一篇精读课文，学生在教师的指导下学习了"预测"这一阅读策略，掌握了边阅读边预测的一些角度。例如，可以从题目预测、根据情节的相似性进行预测、文章的插图可以帮助预测等。而《胡萝卜先生的长胡子》是本单元的第一篇略读课文，学生可以初步运用第12课学习的阅读策略，并学习新的预测角度，预测故事的发展和结局等，这些都为本课的学习提供了方法上的指导，学生应该能够根据文末呈现的三种不同的结局，预测小狗不同的命运，甚至是预测更多的结局。

【教学目标】

（1）认识"讨、厌"等十一个生字，能读准"吗、担"等五个多音字。

（2）能一边读一边预测后面的内容，做到预测有一定的依据。

（3）能预测故事的结局，并将自己的预测与原文进行比较，体会预测的多样性，感受边阅读边预测的乐趣。

（4）能尝试运用预测策略阅读课外书。

【教学思路】

《义务教育语文课程标准（2011年版）》在阅读方面对不同学段的学生提出了不同的要求，其中提到："1～2年级的学生要能阅读浅显的童话、寓言、故事，向往美好的情境，关心自然和生命，对感兴趣的任务和事件有自己的感受和想法，并乐于与人交流"；"3～4年级的学生要能初步学会默读，做到不出声，不指读，学习略读，粗知文章大意"。因此，本课教学时，将让学生通过默读课文，边阅读边预测故事内容，分享预测的可能性；读故事原来的结局，比较不同，体验阅读的趣味和快乐。

【教学设计】

教学设计概述

教学过程——环节（1）		
教学内容	生字词和多音字；对课文题目进行预测	
教学目标	认识生字，读准字音。初步预测	
核心问题	认识生字，读准字音。初步预测	
问题解决	问题情境	解决策略
	①初读课文，读准字音，预测内容。 ②读题目，你能预测课文会讲什么内容吗	①学生拼读；"小老师"带读；学生齐读。 ②给多音字不同读音组词。 ③学生根据题目进行预测、发言

教学过程——环节（2）		
教学内容	课文第1～24自然段	
教学目标	验证就题目做出的预测；对小狗向小公鸡学叫的过程进行有依据的预测，并且不断修正自己的预测	
核心问题	边阅读边预测，预测有依据，不断修正预测，感受预测的乐趣	
问题解决	问题情境	解决策略
	①小狗为什么不会叫？和你的预测一样吗？ ②其他小动物会怎么看待这只不会叫的小狗呢？ ③小狗被批评后，接下来会发生什么事呢？你的预测依据是什么？ ④小狗遇到了一只同情它的小公鸡，小公鸡想教小狗叫，小狗学会了吗？ ⑤失望的狐狸会怎么想？又会对喔喔叫的小狗说什么？ ⑥感到委屈的小狗，还会练习小公鸡的喔喔叫吗？你预测的依据是什么	①学生默读课文，结合课文内容、插图、已有的阅读体验和生活经验，边阅读边预测。 ②完成预测表格
教学过程——环节（3）		
教学内容	课文第25～37自然段	
教学目标	对小狗向小公鸡学叫的过程进行有依据的预测，并且不断修正自己的预测	
核心问题	边阅读边预测，预测有依据，不断修正预测，感受预测的乐趣	
问题解决	问题情境	解决策略
	①小狗会向杜鹃学习咕咕叫吗？说说你预测的理由是什么。 ②小狗在杜鹃的指导下，学会了咕咕叫。请你大胆预测一下，接下来，它又会有什么奇遇呢？再对比一下你的预测和课文实际内容的异同	①学生默读课文，结合课文内容、插图、已有的阅读体验和生活经验，边阅读边预测。 ②完成预测表格
教学过程——环节（4）		
教学内容	课文最后三种不完整的结局	
教学目标	对故事的结局进行预测，并与原文进行比较，修正自己的预测	
核心问题	边阅读边预测，预测有依据，不断修正预测，感受预测的乐趣	

教学过程——环节（4）		
	问题情境	解决策略
问题解决	故事接下来会怎么发展？课文给出了三种不完整的结局，请同学们进行小组合作，交流预测的结局和依据	①学生小组合作探究，结合课文内容、插图、已有的阅读体验和生活经验，边阅读边预测。 ②完成预测表格。 ③小组汇报预测结果

【教学实录】

师：（微笑地）同学们，你们喜欢小狗吗？

生：（大声回答）喜欢！

师：哪位同学来说说你对小狗有什么了解？（很多学生举手）

生1：狗是人类的好朋友，是非常忠诚的动物。

生2：狗遇到认识的人会不停地摇尾巴，好像在跟人打招呼。

生3：天气炎热的时候，狗会吐出舌头散热。

（还有很多学生高高举起小手，很想发言）

师：同学们对小狗的了解可真多啊！看来你们真的很喜欢小狗。今天老师也带来了一只小狗，我们一起来认识一下它吧！（教师放两张课文插图，饶有兴致地陪学生一起观看，学生非常兴奋）谁来猜猜图上的小狗在干什么呢？（教师走到学生中间）请你来说一说。

生1：图1的小狗站在公鸡旁边，仰着脖子，好像在学公鸡啼叫。

师：你观察得可真仔细！请坐。还有哪位同学来说说图2的小狗呢？请你说说。

生2：图2的小狗坐在一只狐狸旁边，耷拉着耳朵和眉毛，看上去有点难过，而狐狸躺在地上，捧腹大笑，感觉像是在嘲笑小狗……

师：你描述得很生动。谢谢两位同学。这两幅图是第14课的插图，小狗是不是在学公鸡啼叫？狐狸又是不是在嘲笑小狗呢？让我们一起走进课文，去一探究竟吧！请同学们翻开课本第53页，我们一起写题目。（师念口令：小手指；生接：来跳舞。）

师：不会叫的狗。（表扬坐姿端正、认真书空的同学）学习课文之前，老师先把文中出现的生字词和多音字找了出来，请同学们先拼读，读准字音。

词语：讨厌（tǎo yàn）、发怒（nù）、批（pī）评、来访（fǎng）、差（chà）不多、忍（rěn）着、模（mó）仿、发疯（fēng）、汪（wāng）洋、搞（gǎo）不清

多音字：干吗（má）、担（dān）保、压（yà）根、百发百中（zhòng）、子弹（dàn）

师：请"小老师"来带读。（一个"小老师"带读一个词语，每个词语读两遍）同学们读得很响亮，准确又整齐。同学们知道这五个多音字其他的读音吗？能不能给它们组词？

生：（齐）能！

师：哪位同学来试试？

生1："吗"还有一个读音读"ma"，可以组好吗；"担"还有一个读音读"dàn"，可以组一担。

（师在黑板上板书，提醒学生做笔记）

师："吗"还有一个读音读"mǎ"，可以组词吗啡。另外三个呢？

生2："压"还有一个读音读"yā"，压力；"中"还有一个读音读"zhōng"，中间；"弹"还有一个读音读"tán"，弹簧。

（师在黑板上板书，提醒学生做笔记）

师：谢谢两位同学，同学们做好笔记了吗？

生：（齐）做好了！

师：同学们，看到这个题目，你能预测一下课文可能会讲什么内容吗？

生1：应该会告诉我们小狗为什么要学叫，它为什么不会叫。

生2：肯定会告诉我们小狗跟谁学叫，而且会告诉我们，别人是怎么教它叫的。

生3：课文结尾应该会告诉我们小狗学得怎么样，最后有没有学会叫。

师：同学们根据题目就能做出这么多预测，真了不起！事不宜迟，让我们赶紧走进课文去验证一下你们的预测对不对吧！

师：请同学们默读第1自然段，找一找小狗为什么不会叫？和你的预测一样吗？（生默读）哪位同学先来说一说呢？

生：这是一只孤零零的小狗，不知道怎么到了一个没有狗的国家。别的小

动物都会叫，只有它不会。它本来也没有发现自己有什么毛病，是别人让它知道，不会叫其实是一种很大的缺陷。我想，也许是因为没有朋友陪它一起叫，所以它不知道自己该怎么叫。

师：你能边读边思考，真了不起！那么，小狗不会叫的原因和你的预测一样吗？

生：很不一样，我的预测是小狗可能是天生的哑巴，又或者是被坏人下了毒什么的。

师：嗯，你是从生活经验出发来做出预测的，是吗？（生点头）这也是我们预测的一个角度，很棒！下面请同学们继续大胆地预测，其他小动物会怎么看待这只不会叫的小狗呢？

生1：我想，有些小动物应该会同情它，想教它叫。

生2：我觉得其他小动物应该不喜欢跟它一起玩，因为它们觉得"不会叫其实是一种很大的缺陷"。

师：两位同学都很聪明，都能从课文中找到依据进行预测，真不错！下面请同学们默读第2～9自然段，验证一下你们的预测吧！（生默读）谁来说一说文中是怎么写的？

生：其他小动物是批评它的，我觉得这些小动物很搞笑，好像老师在批评学生一样。（全班大笑）

师：你的回答很有意思，引起了大家的共鸣。老师平时是不是也这样批评你们啊？

全体学生：是！（师笑而不语）

师：小狗被批评后，接下来会发生什么事呢？你的预测依据是什么？请大胆想象，完成表格。

预测的内容	预测的依据

师：小狗遇到了一只同情它的小公鸡，小公鸡想教小狗叫，小狗学会叫了吗？下面我们一起来读课文，一边读，一边预测，一边修正我们的预测。

生1：读到第11自然段小狗说"我觉得很难"这里，我预测小狗应该会半途而废，最终不能和小公鸡学会叫。（一些同学小声说："我也觉得。"）

生2：读到第14自然段，我也预测小狗肯定不能坚持到底，因为它看到小母鸡都被自己吓跑了，很灰心丧气。

生3：读到第15、16自然段，我预测小狗应该能学会，因为它特别勤奋，一直坚持练习。我觉得"有志者事竟成"，它肯定能学会。

生4：看到第一幅插图的时候我就特别想笑，哪有小狗学公鸡叫的，它们的叫声根本就不一样嘛，就算它真的学会像小公鸡那样叫，也是很奇怪的。

师：同学们的预测都有理有据，无论是课文内容还是生活经验，都能帮助我们更合理地进行预测。那么，小狗跟小公鸡学会叫了吗？

生：（齐）学会了。

师：你从文中哪里找到答案的？

生：一天早晨，它在树林里练习，发出的"喔喔喔"的叫声是那么逼真，那么好听，那么洪亮，连狐狸都以为是小公鸡来了。

师：可以想象，当狐狸看到啼叫的是一只狗而不是小公鸡时，该是多么失望啊！请同学们预测一下，失望的狐狸会怎么想？又会对喔喔叫的小狗说什么？完成表格。

项目	狐狸的想法	狐狸会对小狗说
预测的内容		
预测的依据		

师：下面我们请两位同学来为大家分角色朗读狐狸和小狗的对话，其他同学读旁白，我们一边读一边验证刚才的预测。

师：感到委屈的小狗，还会练习小公鸡的喔喔叫吗？你预测的依据是什么？

预测的内容	预测的依据

师：文中第25自然段写到，杜鹃和小公鸡一样同情小狗，从这里我们可以预测什么呢？

生：杜鹃也会和小公鸡一样非常热情地教小狗。

师：你的依据是什么呢？

生：我们以前学过的很多童话故事就是这样的，情节都差不多，很相似。

师：没错，童话故事情节反复这个特点也可以作为我们预测的依据。猜猜小狗还会向杜鹃学习咕咕叫吗？说说你预测的理由是什么。

师：请同学们来分享预测的理由。

生1：我觉得小狗会跟杜鹃学，因为它还没学会怎么叫啊。（一些同学说："它不是跟小公鸡学会了'喔喔喔'叫吗？"）但是它的叫声被狐狸嘲笑，它应该会觉得那样叫不对，还要继续学。

生2：我觉得小狗不会学了，它跟小公鸡学的时候就很辛苦了，而且学完以后还被狐狸嘲笑，它应该没有信心再学了。

师：两位同学都给出了足够充分的预测理由，让我们一起继续往下读，看看小狗有没有学吧。（生默读课文第31～34自然段）小狗在杜鹃的指导下，学会了咕咕叫。请你大胆预测一下，接下来，它又会有什么奇遇呢？再对比一下你的预测和课文实际内容的异同。

预测的内容	预测的依据

师：预测的内容和故事原文不一样也没关系，只要有合理的依据，就是成功的预测。遇到猎人的小狗跑啊，跑啊……故事接下来会怎么发展？课文给出了三种不完整的结局，请同学们进行小组合作，交流预测的结局和依据。

可能发生的故事结局（有依据的预测即可）		预测的依据
第一种结局		
第二种结局		
第三种结局		

师：请小组成员汇报你们的预测结果。

小组1：我们小组分享的是第一种结局的预测结果。我们预测小狗会跟小母牛学叫，小母牛也会像小公鸡和杜鹃一样非常热情地教它。最后小狗学会了跟小母牛一样"哞哞哞"地叫，但有一天小狗离开牧场，跑到森林里，老虎远远听到它的叫声，闻声而来，想饱餐一顿，吓得小狗撒腿就跑，跑到了别的地方。然后小狗又会遇到其他小动物，学其他叫声。我们预测的依据是第一种结局也出现了其他动物，和前面的情节相似。

小组2：我们小组分享的是第二种结局的预测结果。这次小狗碰上的不是小动物，而是一个农民，农民把小狗带回家养起来。这是一个孤独的农民，小狗成了他最好的朋友，他每天都和小狗分享自己的喜怒哀乐，陪小狗一起玩耍，农民不在家的时候，小狗帮他看家，等他回来。慢慢地，小狗学会了和农民说话。我们预测的依据是生活经验，生活中，狗是人类最忠诚的朋友，我们觉得小狗很可爱，也很可怜，农民肯定会同情它、收留它。

小组3：我们小组分享的是第三种结局的预测结果。小狗听到了"汪汪汪"的叫声，它一开始觉得很奇怪，可是又觉得自己跟它长得很像。小狗停下来，和它说出了自己的苦恼，它忍不住笑了，告诉小狗它是谁，是怎么叫的，还介绍了很多朋友给小狗认识。从此，小狗终于知道自己该怎么叫了，再也不用向别人学习了。

师：谢谢三个小组给我们带来的精彩预测，你们的预测很有趣，也有依据，非常好！那么究竟原文的内容和你们的预测一样不一样呢？我们赶紧一起去读一读吧！

（师出示三种不同的结局，学生默读）

师：（总结）同学们，这一单元我们重点学习了"预测"这一阅读策略，正确运用这一策略，做到预测有依据，不仅能促进我们不断思考，更能让我们的阅读更加有趣，希望同学们在日后的阅读中能运用这一策略。这节课我们就上到这里，下课！同学们再见！

【教学反思】

《不会叫的狗》是一篇趣味性较强的童话故事，是本单元的最后一篇课文。我将本课的教学重点落在如何运用预测这一阅读策略上。通过预测，促进学生思考，引起学生的阅读兴趣，调动学生的阅读积极性，也让学生在阅读时更加关注细节，更加认真，以故事的形式引领学生丰富的情感世界。在引导学生进行预测时，我重视学生对预测策略的正确运用，让学生明确预测不是随意猜测，要有一定的角度和依据，文章的题目、插图、课文内容里的一些线索、以往的阅读经验、生活经验和生活常识，都可以成为我们在阅读过程中展开预测的依据。只有更准确、合理地预测，我们才可以感受到预测的好处与乐趣。当学生预测的内容与故事的实际内容不一样时，鼓励学生只要预测有依据就是成功的预测，同时也提醒他们及时修正自己的预测思路。

但在教学过程中，对学生的引导仍不够到位，仅仅停留在对大情节的预测上，对小狗的遭遇的预测不够。例如，可以引导学生关注和思考各个情节中的遭遇，小狗受到了狐狸的嘲笑，又遭到猎人的枪击，都是因为它学习了本不该属于狗的叫声而引发的挫折和意外，狐狸、猎人是一条线索，嘲笑和枪击又是一条线索。那么，当小狗遇到其他动物或者人的时候，会不会又有新的挫折和意外发生呢？如果更细致地引导学生进行预测，可能学生能交出更令人惊喜的答卷。

《童诗为什么那么好玩？》童诗阅读教学案例

深圳市莲南小学　麦慧慧

【内容定位】

《童诗为什么那么好玩？》是童诗的入门课程，目的是激发学生对诗歌的兴趣，让学生知道诗并不是那么高深，有些诗也是很有趣的，而现代诗对于低年级的学生来说应该是比较陌生的。我们可以通过童诗课程，带着孩子们推开诗歌的大门，让他们学会用欣赏的眼光去看世界，去领略诗歌的魅力，进而为诗歌的创作做铺垫。

【学情分析】

低年级的学生活泼可爱、天真烂漫、童趣十足。他们最喜欢一些内容简单、富有趣味的文学作品，对于世界的探索只是刚刚开始，任何事物都能引起他们的注意。因此，在这个语言学习的黄金阶段，我们要教给孩子最精练的语言、最美的文字。恰巧，他们的识字量不多，读一些短小的诗歌最为合适。

【教学目标】

（1）通过学习喜欢上诗歌，有进一步学习诗歌的想法。

（2）能自己读诗，并且读懂诗的含义。

（3）对于部分诗歌，能用仿写的形式进行创作。

【教学思路】

本课抓住一个"趣"字，选取了几首趣味十足的童诗，意在激发学生读诗写诗的兴趣。主要思路是从读诗开始，逐步引导学生创作诗歌。首先给学生展示了三首有代表性的诗《秋虫唧唧唧》《村小：生字课》《什么是诗？》；接着在钢琴曲的伴奏下，安静地读诗；然后用读后交流的方式，剥丝式地向学生呈现诗歌最深层的含义；最后再引导他们进行诗歌创作。在写诗的时候又补充了林焕彰的《不是也是》一诗，作为自学仿写的参考。诗歌的创作也需要层层递进地引导。从最初的口头创作，到小组内互相研讨，依葫芦画瓢地仿写几句，再到诗歌的成型展示以及最后的评价修改，鼓励学生自己写诗，最终达到自由创作的目的。

【教学设计】

教学设计概述

教学过程——引入		
教学内容	用一首有趣的诗引入本节课，意在激发学生的兴趣	
教学目标	（1）懂得认真聆听教师的范读。 （2）知道这首诗的含义，感受它的趣味性	
核心问题	这首诗的特点在哪里？为什么那么好玩有趣	
问题解决	问题情境	解决策略
	①出示树才的《秋虫唧唧唧》。 ②会读这首诗。 ③说说《秋虫唧唧唧》这首诗有趣在哪儿	①跟着老师一起读这首诗。 ②自己小声地读。 ③思考：这首诗好玩吗？你觉得哪里好玩呢？ ④师生交流： 《秋虫唧唧唧》这首诗很多唧唧唧，原来诗可以这样写

续 表

教学过程——赏析	
教学内容	赏析两首现代诗，找找它们有什么不同的特点
教学目标	（1）流利地读诗。 （2）知道诗歌要表达的含义。 （3）找找这些诗的写作特点
核心问题	理解这些不同类型的诗歌，找出它们的不同点

问题解决	问题情境	解决策略
	逐一出示两首诗歌。（例如：组词诗《村小：生字课》《什么是诗？》） ①你能自己读读这首诗吗？ ②这首诗的特点是什么呢？ ③你会组词吗？ ④你会接着编下去吗	①学生自己试着读一读这首诗。 ②思考一下：这首诗哪里有趣？它的写作特点是什么？ ③创编诗歌：尝试接着这首诗继续编下去

教学过程——创作	
教学内容	怎么写一首诗？学习仿写一首诗
教学目标	（1）有信心写一首诗。 （2）找一首觉得比较容易的诗，仿写一两句
核心问题	树立写诗的信心，从仿写开始学习写诗

问题解决	问题情境	解决策略
	①你想成为一名诗人吗？ ②怎么才能写好一首诗呢？可以从仿写开始	①交流：你想成为一名诗人吗？ ②思考：怎样才能写一首诗呢？学会观察身边的任何事物，用心感受它们的变化。 ③现场创作及交流

【教学实录】

环节一：谈话引入——有趣的诗

（出示标题）

师：今天老师带了一些有趣的诗跟大家分享。一起来读一下课题吧。

生：童诗为什么那么好玩？

师：（趣味十足地说）读到这个题目是不是有疑问呢？怎么诗也变得好玩起来了？其实有很多有名的诗人也会写童诗。也许他是写给孩子读的，也许他本身就是个童心十足的人。所以，好玩的童诗就这样诞生啦！说不定大家上完这节课也会写诗了。

生：（自言自语地说）我不知道诗还那么好玩。

师：（出示诗）我们先来读一首诗。请你大声地读出来。

（学生自由读树才老师的诗歌《秋虫唧唧唧》）

师：（亲切地点评）同学们读得可认真了，你觉得这首诗特别吗？它的特别之处在哪里呢？

生：我喜欢《秋虫唧唧唧》。我觉得树才老师写的这首诗很有趣。整首诗中，很多"唧唧唧"这样的词语。

师："唧唧唧"这样的词语叫拟声词。在这里，是模仿了秋虫的叫声。整首诗都是秋虫在叫，可见秋虫的叫声给诗人的印象太深刻了。

生：拟声词也能写一首诗，真是太奇妙了。（学生惊奇地说）

师：对啊，在我们部编版小学语文教材里有一篇课文《青蛙写诗》，你们猜猜青蛙怎么写诗？

生1：呱呱呱……

生2：用很多"呱呱呱"这样的拟声词。

师：对了，这首诗是不是很有趣呢？如果能用拟声词来写诗，那么你也可以写诗了。小猫怎么叫？

生：小猫"喵喵喵"。

师：小鸡怎么叫？

生：小鸡"叽叽叽"。

师：不仅小动物们会叫，大自然也会说话，如小溪……

生：小溪"哗哗哗"。

师：风儿……

生：风儿"呼呼呼"。

师：当然，我们还可以想一些生活中常见的事物，如闹钟……

生：丁零零。

师：弟弟哭了……

生1：哇哇哇。

生2：我想到了教鞭"哒哒哒"。

师：（称赞地说）你这么一说，我就觉得你这首诗的情境感很强，把我们教室里发生的事都写进了诗里。

师：我相信，每个同学的心里都已经有了一首诗的模样。

师：是不是觉得诗还是蛮好玩的呢？

生：（齐声说）对，好像很有趣。

环节二：赏析两首诗（《什么是诗？》《村小：生字课》——会唱歌的诗）

师：（出示两首诗）有的童诗真的很好玩。老师又给大家带来了几首好玩的诗。自己读读吧！

（播放优美的背景音乐，在安静的环境下，学生自己读诗）

师：（轻轻地走在教室的过道上）读每一首诗都有不同的心境。谁来读一读你喜欢的一首。

（一生读《村小：生字课》）

生：我觉得这首诗有点像在组词。

（很多学生都能说出这首诗像在组词）

师：对啊。你们找找，用了什么字组词？

生：用了蛋、花、黑、外、飞这些字来组词。

师：你真会读书，一下子就梳理出来了。诗人用了蛋、花、黑、外、飞这几个字组词，然后就写成了一首诗。你觉得这首诗除了组词很有趣之外，还有哪些词语也让你觉得特别搞笑呢？或者有没有不理解的词语？

生1：我不理解"张狗蛋、马铁蛋"。

生2：是狗生的蛋吗？还是他长得像狗？（顿时，教室里的气氛活跃起来……）

（小组内讨论起来，教师在小组内做适当的点拨）

生：我觉得"张狗蛋、马铁蛋"这些人名很搞笑。

师：为什么很搞笑？

生1：我没听过这些名字。没有人会叫"狗蛋""铁蛋"之类的名字。

生2：这些名字很土。（学生在窃窃地笑）

生3：我妈妈叫我"土豆"。

生4：我还听妈妈说，他们村里有一个人叫"狗娃"。

师：是啊。在农村，有很多这样接地气的名字，为的就是让孩子健康成长。说这些名字土，其实我们可以用一句话来形容，就是"乡土气息"很浓郁。所以，我们可以由此想到，诗人并不是随便组词的。你能仔细地再读一读这首诗吗？找找原因。

生：应该不是随便组词的。诗人选了一些农村常见的事物来组词。

师：哪些是农村常见的事物呢？

生1：很土的名字。

生2：还有很多山。

生3：农村没有工厂。

师：（很惊讶孩子们能说出城市与乡村的区别）也就是环境好，空气清新。

师：对，你们都概括得非常好。其实我们还可以照着这些农村事物继续组词，把诗继续编下去。你们再想想，农村还有哪些事物呢？

生：我在农村见得最多的就是鸡。

师：那你可以试着组词吗？

生：（看着屏幕，认真地想了想）

鸡　鸡　鸡蛋的鸡

母鸡的鸡　公鸡的鸡

鸡窝的鸡　鸡屎的鸡

还有爱吃鸡腿的小铁蛋

师：一位小诗人诞生了。我们给予他热烈的掌声。

（掌声响起）

师：同学们，如果我们不会写诗，不妨模仿诗人原来的写作方式，试着接着编几句，慢慢地，你就学会写诗了。

师：（引导式提问）对于这首诗，我想问问后面的外、飞两个字的组词为什么诗人也写进去了呢？而不是接着农村的鸡鸭鹅继续写呢？

生1：可能是农村的事物太多了，还要写点别的。

生2：还可能是表达了诗人的一点想法。

师：两位同学都说对了一部分。农村虽然很好，但是农村很落后，看这一句，"黑黑的手，黑黑的窑洞，还有一双黑黑的眼睛"，说明这里的生活很艰苦。就是因为艰苦，所以想到农村以外的地方看看，甚至飞到外国、外太空。这就是诗的意境。诗人虽然没有说得很明白，但是我们可以通过读诗把这些隐喻读明白。诗人还鼓励我们，不要怨自己笨，笨鸟先飞也是可以实现自己的梦想的。你们听完老师的解读，有什么想说的吗？

生：我觉得诗人写一首诗一定有他要表达的含义。

师：你说到了最关键的地方。请大家给予他掌声。

（掌声响起）

生：我觉得诗人写一首诗非常不容易，需要找很多素材。

师：对于诗人来说，生活就是最好的素材，只要你留心观察，处处都是你的写作素材。

师：假如让你写一首与生字课有关的诗，你会选什么内容来写？

生：我会选城市来写。

师：也就是说，你的题目叫《城市：生字课》。

生1：对。

生2：我想写《动物：生字课》。

生3：我想写《校园：生字课》。

师：同学们都想得很好，懂得举一反三、触类旁通。我们在写诗的起步阶段，就可以在原有模式的基础上充分地发挥想象力，想点与众不同的事物，这样，你的诗一样是闪亮的。

师：那么，到底什么是诗呢？你知道吗？这个问题好像很难回答，有一首诗正好可以告诉你。谁来读一读依尼诺·法吉恩的这首《什么是诗？》。

（一位学生读诗）

师：什么不是诗？什么才是诗？

生：玫瑰不是诗，玫瑰的香气才是诗。

师：为什么说玫瑰的香气才是诗？

生：我觉得香气看不见，但是比具体的事物更美好。

师：（赞许地说）你说得对极了（竖起拇指）。有时候，看得见的事物很美，看不见的事物更美。而这些看不见的事物是因为插上了想象的翅膀，才有了我们说的诗情画意。我们能再具体说说这首诗其他的句子吗？

生：海不是诗，海的喘息才是诗。我觉得大海已经像诗了，但是会喘息的海，更感觉有了生命力。

师：对啊。喘息的大海、会说话的风、会唱歌的云，才让我们感觉到，这样的诗更有灵性。

师：到底什么是诗呢？那么，你会接着编两句吗？实在想不到的话，就四人小组讨论一下吧。

（学生互相讨论）

生：我来编两句。春天不是诗，春暖花开的美景才是诗；麦田不是诗，麦田的耕种者才是诗。

师：让我们掌声鼓励一下这位小诗人。春天已经很美了，春暖花开的美景才是真正的春天。我认为第二句写得更好，麦田不是诗，麦田的耕种者才是诗。那是因为麦田的丰收都是耕种者们付出的辛勤劳动。写得多好啊！我不禁沉浸在他的诗作当中了，仿佛看到了一片金黄的麦田和麦田的守望者。

生1：朋友不是诗，朋友之间的爱才是诗。

生2：糖果不是诗，糖果的甜蜜才是诗。

生3：阳光不是诗，阳光的温暖才是诗。

师：同学们的想象力太丰富了，想到一样事物，懂得由一样事物联想到另一样事物。这就是诗人写诗的思维。因为你们看到的不仅是事物的表面，而且看到了事物的本质。

环节三：创作诗歌——灵动的诗

师：写一首诗，可以说很难，也可以说很容易。怎样才能写一首诗呢？读了今天的这几首诗，我觉得你们也能成为诗人。谁能总结一下呢？如果想不到，可以跟旁边的小伙伴交流一下。

（学生互相讨论）

生：我觉得要找一首有特点的诗来写，这样会使别人印象更深刻。

师：怎样的诗才让人印象深刻呢？

生：就像树才老师的《秋虫唧唧唧》这首诗。

生：还有我们今天读的《村小：生字课》。

师：对，同学们都总结得特别好。如可以用拟声词、组词的方式、反问句的对话方式、排比句、拟人句等写法来写一首有特点的诗。

师：如果真的无从下笔了，还有什么方法可以让自己写一首诗呢？

生：我觉得可以仿照一首诗，接着编下去。

师：这个同学特别会学习。仿写也是写诗的一种入门方法。很多诗人都是从别人的诗中找到灵感的，也有很多作者因为喜欢某一位诗人，受这位诗人的影响，自己的创作风格也会跟他相似。今天我们就仿照这几首诗，自己试着写几句。

（补充林焕彰的一首诗《不是也是》，作为自学后的仿写诗之一。学生可以选择以下几首诗仿写：《村小：生字课》《秋虫唧唧唧》《什么是诗？》《不是也是》。）

（播放音乐，营造宁静雅致的写作环境）

环节四：交流展示——飘动的诗

师：（伴随音乐的尾声）美国有一位女诗人玛丽·奥利弗对于写诗做了一个比喻：诗是一只空篮子，你放进自己的生活，它给你全新的天地。这句话就告诉我们，诗源自生活。只要你是一个生活的有心人，就能写诗。来，小诗人们，晒晒自己的诗吧。

（小组上台分享仿写诗）

生1（第一组）：我们组想跟大家分享我们写的诗《城市：生字课》。

楼　楼　　高楼大厦的楼

楼梯的楼　楼上的楼

看不到顶的楼

车　车　　车辆的车

车牌的车　车灯的车

川流不息的车

桥　桥　　　人行桥的桥

环形桥的桥　桥底的桥

没有水流的桥

师：感谢第一组的诗人们，你们开了一个很好的头。其他小组能否来评价一下他们的这首诗呢？

生2（第四组）：我来评价一下。我觉得这首诗仿写得很好。原诗是《村小：生字课》，他们就想到了与农村相反的城市，还选了城市特有的楼房、车子、人行天桥这些事物。

生：高楼大厦看不到顶，马路上的车川流不息，可以看出诗人观察得很仔细。

生：我觉得没有流水的桥也是城市的一个特色。

（有几个学生鼓起了掌）

师：如果仿写一首诗，你最容易想到的肯定是与原诗接近的诗。由农村想到城市，这是很自然的事。如果能离开城市、乡村这个话题，想到别的一些有关联的事物，就是更高级的仿写了。

生：我们组叶子霖同学也创作了一首生字歌。

麦　麦　小麦的麦
麦慧慧的麦
麦皓铭的麦

李　李　李声泽的李
李欣彤的李
李小花的李

黄　黄　黄亦可的黄
黄晓敏的黄

时　时　时寒冰的时
时钟的时

师：天啊！你把麦老师写进了诗，真是让我太意外了。除了我，我们班的麦皓铭、李声泽、李欣彤都走进了他的诗。

生：他能把身边的事物写进诗，是一个很懂得观察的同学。

师：连时寒冰这个人物都知道，我们要把掌声送给叶子霖小诗人。

（教室里响起了热烈的掌声，大家朝他投去了赞许的目光）

生：我觉得这首诗还要告诉大家表达了什么情感。

师：对，这首诗模仿得很像。如果只是为了组词而组词，那么这首诗的意义就并不是很大了。小诗人还要想想，你写这首诗的目的是什么，想要表达什么。所以，这首诗还可以回去想想，该怎么补充和修改完整。

生3（第三组）：我们创编了一首《不是也是》的诗。

太阳不是我的，

我推开窗户，

阳光洒满全身，

阳光是我的；

月亮不是我的，

我去哪儿，

它就去哪儿，

月亮是我的。

太阳、月亮不是我的

也是我的。

师：我们也要给第三组的诗人们以热烈的掌声。

（掌声再次响起来）

师：他们选取了常见的事物——太阳和月亮。太阳和月亮当然不是我的，但是它们能不能偶尔是我的呢？当然是可以的。比如，太阳的光芒照射到我身上的时候，我就能感受到太阳给我的温暖，所以说太阳是我的。月亮不是我的，但因为月亮常常跟着我，所以它也可以说是我的。因此，我认为这首诗写得非常棒。诗的结构、取材也很巧妙。看来同学们已经慢慢掌握了写诗的方法。多读一些诗，慢慢地，你就会写诗了。

结尾：

师：（娓娓道来）不知不觉，我们的诗歌课堂就要接近尾声了。同学们对怎么读诗、怎么写诗可能已经有了一点印象。怎么写一首诗呢？塞琪·科恩说：我们想写什么并不那么重要。通常情况下，是诗歌选择了我们，而不是我们选择了主题。所以跟着心走，想想自己最想表达什么，然后写下来。我曾在一本书中读到诗人克莱尔·赛克斯说的一句话："诗就像一个朋友陪伴在旁——诗这样的方式让我充满力量。诗是我快乐的源泉，也是我悲伤时的心灵药方。"

似乎，诗歌能治愈一切。拿起你的笔，写下一首诗，给别人带来欢乐的同时，也让自己诗意地笑傲生活。我们今天有趣的诗歌课程就到此结束了，你们还想读更多有趣的诗吗？

生：（齐）想！

师：老师给大家推荐几本童诗集《一位诗人的诞生》《童诗一百首》《给孩子的100堂诗歌课》。里面有很多有趣的诗，一起读一读、写一写吧。

师：小诗人们，我们下次再见！

【教学反思】

在小学开展儿童诗教学是一项很有挑战性的研究。小学生到底能不能写诗？经过一段时间的课程试验，我们发现小学生也可以写诗。只要是有一定阅读基础和表达能力的孩子都能写诗。因为，孩子就是天生的诗人。有时候，大人写的诗还不如孩子。那是因为孩子们敢想、敢说，他们的语言更接近诗人。《童诗为什么那么好玩？》是我精心设计的一堂诗歌入门课，目的是从有趣的儿童诗入手，激发孩子读诗、写诗的兴趣。我选了《秋虫唧唧唧》《什么是诗？》《村小：生字课》《不是也是》几首风格迥异的诗。有拟声词特色的诗，有哲理性很强的诗，有组词诗，有多角度看问题的诗。这些儿童诗让孩子对诗有了初步的认识，原来诗也那么有趣。从整节课的课堂氛围来看，学生们的兴致高涨，体现出他们对读诗的热爱。读到"唧唧唧"的时候，他们低着头学秋虫唧唧唧地叫，甚是可爱；读到生字课的时候，组词组个没完没了；读到《什么是诗？》的时候，孩子们眼睛滴溜溜地转个不停……谁说他们不喜欢诗呢？

除此之外，有层次地引导他们读诗也显得尤为重要。在《村小：生字课》的学习中，很多孩子第一次读就知道这是一首由组词写成的诗。只知其一，不知其二，这样读诗是读不出诗的深意的。因此还要再追问第二个问题："这首诗里都用什么字组词？这些字都是诗人随便挑选来写诗的吗？"很显然，这两个问题非常重要，对孩子们读懂这首诗起到了启发的作用。孩子们通过思考，很快就明白了诗人的用意，最后再加以点拨，诗的意境就跃然纸上，诗人的心声就被大家读懂了。

当然，学生不理解《村小：生字课》里的几个词语，是我没有预想到的。主要原因是，现在的学生没有农村生活的经历，对于农村里的事物了解甚少，对"张狗蛋""马铁蛋"这些名字表示不理解。所以，我们只好在小组讨论的时候做了解释。好在，有一位学生听过"狗娃"这样的名字。于是她扮演了"小老师"的角色，在小组中起到了互帮互助的作用。可见，选材在童诗教学中的作用是非常之大的。不能选择孩子读不懂的诗，也不能选一读就懂的诗。同时，过于悲伤的诗也不能选。我们要把握好阅读素材的度，把最美好的诗展现给他们。

在小学阶段开展读诗写诗的路是艰巨的、是漫长的，但成果是甘甜的。当一首首天真烂漫的小诗出现在你眼前的时候，你会发现儿童的世界是如此美好。会写诗的孩子是会读书的孩子，也是语文学习中最有灵性的孩子，是诗歌滋养了他们的语文素养，是诗歌保存了他们纯真的童年。

附：

课堂学习的四首诗

秋虫唧唧唧

树 才

唧唧 唧唧唧

唧唧唧 唧唧

唧唧唧 唧唧唧

唧唧唧唧 唧唧

唧 唧 唧唧 唧

唧唧唧唧唧唧唧

秋虫呀 你唧唧个没完

这边唧唧唧那边唧唧

那边唧唧唧这边唧唧

秋虫呀我听着你唧唧

不知你唧唧的深意

你是喊是叫还是唱

我看不见你躲在哪里

就像我听不出你的深意

其实你哪有什么深意呀

唧唧唧就是秋来了

秋来了于是唧唧唧

这么深的夜里

除了我在听

一只大白猫

也在路灯下

竖直了耳朵

我看着它它看着我

我走了它还蹲在那里

听唧唧唧唧唧唧唧唧

村小：生字课

高 凯

蛋　蛋　鸡蛋的蛋

调皮蛋的蛋　乖蛋蛋的蛋

红脸蛋的蛋

张狗蛋的蛋

马铁蛋的蛋

花　花　花骨朵的花

桃花的花　杏花的花

花蝴蝶的花　花衫衫的花

王梅花的花

曹爱花的花

黑　黑　黑白的黑

黑板的黑　黑毛笔的黑

黑手手的黑

黑窑洞的黑

黑眼睛的黑

外　外　外面的外

窗外的外　山外的外　外国的外

谁还在门外喊报到的外

外　外——

外就是那个外

飞　飞　飞上天的飞

飞机的飞　宇宙飞船的飞

想飞的飞　抬膀膀飞的飞

笨鸟先飞的飞

飞呀飞的飞

什么是诗?

〔英〕依尼诺·法吉恩

什么是诗? 谁知道?

玫瑰不是诗,玫瑰的香气才是诗;

天空不是诗,天光才是诗;

苍蝇不是诗,苍蝇身上的亮闪才是诗;

海不是诗,海的喘息才是诗;

我不是诗,那使得我

看见听到感知某些散文

无法表达的意味的语言才是诗;

但是什么是诗? 谁知道?

不是也是

林焕彰

1

蝴蝶，不是我养的。

我种了花，

它们就一只只地飞来了；

蝴蝶是，我养的。

2

鸟，不是我养的。

我种了树，

它们就一只只地飞来了；

鸟是，我养的。

3

我家，有花；

我家，有树；

我家，有蝴蝶；

我家，有鸟；

蝴蝶和鸟，

不是我养的，

也是我养的。

第二节　小学语文自然阅读课程案例

"应用文读写"阅读微课程案例

深圳市莲南小学　黄立谨

【内容定位】

小学语文自然阅读应用文读写微课程是以"毕业联欢会策划书"为抓手，整体串联起小学阶段所涉及的通知、请假条、申请书、建议书、演讲稿、书信等应用文读写，形成整体设计、整体教学、整体读写、成系列的应用文读写微课程。本课例是自然阅读应用文读写微课程之一——写活动策划书。

"毕业联欢会策划书"是部编版小学语文六年级下册第六单元综合性学习"难忘小学生活"中的一项内容。这个单元的综合实践活动"难忘小学生活""依依惜别"板块的主体是"活动建议""阅读材料"，供学生在开展活动时阅读，可以激起学生对六年小学生活的回忆，激发学生对老师、同学和学校的感情。学生在写演讲稿、给母校老师写信、写临别赠言等方面得到借鉴和启发。

本课核心问题是写一份毕业联欢会策划书。

本课学习重点是学会表达自己对母校、老师、同学的依依惜别之情。

本课学习难点是策划一场毕业联欢会，排练节目，进行联欢。

【学情分析】

六年级学生在此之前已经开展过三四次学习任务、活动贯穿始终的综合性学习，具备了一些综合性学习的方法和能力，同时也具备了通知、请假条、

101

建议书、演讲稿、书信等应用文写作基础。对于活动策划书相对比较复杂的应用文，学生也有一定的知识能力储备，整合小学阶段的应用文作为微课程来学习，是提升学生语文素养的一次很好的训练。

【教学目标】

课标要求：策划简单的校园活动和社会活动，对所策划的主题进行讨论和分析，学写活动计划和活动总结。

知识与技能：

（1）了解策划书的内容。

（2）学习课本范例，小组合作完成一份比较完善的活动策划书。

过程与方法：

（1）在课文范例的基础上增加相关内容，注意细节，小组不断完善策划书。

（2）策划一场毕业联欢会，排练节目，进行联欢。

情感态度与价值观：

通过活动策划、排练节目，学会表达自己对母校、老师、同学的依依惜别之情。

【教学思路】

小学语文自然阅读应用文读写微课程包含了各项应用文写作，目的在于通过微课程的学习，让学生在真实情境的实践中运用应用文，从实践中来，运用到实践中去。

此项毕业联欢会活动作为应用文微课程的核心内容，教师需要做的是激发学生的热情，促使学生全员参与，引导学生自主组织，小组分工合作，自己策划活动，完成会场布置，完成联欢会的各项工作，在不断实践中反思提高，实践运用，锻炼能力。教学中，教师更多的是指导学生，完善策划书的各项环节，活动细节要考虑周全，保证联欢会的顺利举行，既让学生得到锻炼，又给大家留下美好回忆。

【教学设计】

教学设计概述

教学过程——环节（1）		
教学内容	认识活动策划书	
教学目标	初步了解活动策划书	
核心问题	什么是活动策划书	
问题解决	问题情境	解决策略
	①你所了解的活动策划书是什么？ ②活动策划书包含哪几个部分	学生各抒己见，将活动策划书的轮廓逐渐勾勒出来，让学生初步认识活动策划书

教学过程——环节（2）		
教学内容	策划书的内容	
教学目标	能设计出策划书的框架	
核心问题	策划书的内容组成	
问题解决	问题情境	解决策略
	①策划书由哪些项目组成？ ②你还可以增加哪些项目？ ③如何确定活动的主题	①学生结合书中的例子，了解策划书的项目构成。 ②教师引导学生思考，还有哪些项目需要增加。教师抛砖引玉，引发学生讨论。 ③学生反馈，教师依学指导，学生汇报，教师板书点评

教学过程——环节（3）		
教学内容	细化毕业联欢会策划书	
教学目标	小组合作，能初步设计毕业联欢会策划书	
核心问题	设计毕业联欢会策划书	
问题解决	问题情境	解决策略
	①活动分工如何细致安排？ ②毕业联欢会的板块如何设计？ ③观看范例，完善毕业联欢会策划书	①学生小组讨论，教师引导学生考虑问题要周全细致。 ②教师引导板块的确立要有创意，引发学生思考。 ③学生小组讨论。教师巡视，指导完善毕业联欢会策划书

【教学实录】

《毕业联欢会策划书》实录

师：（微笑着）同学们，在刚刚过去的2020年春节联欢晚会上，有什么节目给你留下了深刻的印象呢？是诗朗诵《爱是桥梁》，歌舞《你好，2020》，还是小品《职场姐妹花》或《父母爱情》呢？

生1：诗朗诵《爱是桥梁》给我留下深刻的印象，我听说临时增加的诗朗诵《爱是桥梁》是为了致敬在前线的医护人员和身处疫区的群众，让大家热泪盈眶。

生2：我喜欢陈伟霆、张艺兴与董宝石联袂演出的《野狼disco》神曲改编——《过年迪斯科》，这个节目掀起晚会小高潮。（学生们笑）

师：（笑）萝卜青菜，各有所爱。这些演员的精彩演出为春晚增色不少。（略微严肃）同学们，一场联欢会节目的精彩、活动的成功，仅仅是台上演员的功劳吗？

生1：还有导演。

生2：工作人员。

生3：摄影师、观众……

（学生争先恐后地回答）

师：同学们说的都对。我想一台晚会只靠导演一个人肯定不够，需要很多人一起团结合作才行。活动要顺利、要出彩，需要全方位的配合，最重要的是晚会导演组要在前期做好策划书。（板书）

（生点头）

师：同学们，你们理解的策划书应该是怎么样的？

生1：我理解的策划书就是给大家的分工表，确定谁干什么。

生2：策划书就是活动计划吧。

生3：就好比电影的剧本，拍电影就按照这个来。

师：同学们讲得都很有道理，也都讲对了策划书的某一方面。其实策划书就是对某个未来的活动或者事件进行策划并展现给读者的文本。马上就要毕业了，临别之际，相信大家都希望聚在一起联欢，表达对母校、老师、同学的依依惜别之情。这节课，我们就一起学习如何写毕业联欢会的策划书。

（生欢呼雀跃）

师：为了办好联欢会，我们首先要做好策划，写一份策划书，然后根据分工，认真准备，创编节目，以便在联欢会上有精彩的展示。课本上给我们提供了一个毕业联欢会活动策划书的范例。同学们，从中发现了什么？

生：策划书里有活动名称、活动目的、活动时间、活动地点、活动分工和活动流程这些项目。

师：你都找到了，课本提供的只是一个简单的范例，并不详细，你从中发现了一些什么问题吗？

生1：活动时间是"6月29日"，只讲了日期，没有具体写上午还是下午，具体几点开始。

生2：还有可能是晚上。

师：（走到学生跟前表扬）你观察得真仔细。还有吗？

生：（自言自语）好像少了点什么？

师：（若有所思）我们来想一想，根据实际情况，还有没有什么需要添加的栏目呢？

生：可以添加一项"活动人员"，说明是哪些人参加，有可能邀请老师、家长。

师：（走近学生）非常好。

生：我们还要考虑好是以班级为单位，还是以年级为单位举行联欢。如果只是我们班的话，比较好组织，方便。如果是整个年级一起或者两三个班一起，参与面广，气氛热烈，场面会更隆重一些。

师：（竖大拇指表扬）这是个很好的建议，整个年级参与确实会更热闹一些。

（学生鼓掌）

师：老师在这里提醒大家，这些栏目，我们是可以根据实际需要和活动目的去设计的，不必局限于书本内容。当然，呈现的顺序也是可以调换的，可以根据具体情况做出调整。

生：还有各个项目要花多少钱？（大家笑）

师：是的，活动经费的安排确实也很重要。写好一份策划书，还有什么要重点考虑的？大家想一想。

生1：主持人、串词、会场布置。

生2：申请会场，以免和学校的其他活动相冲突。

生3：还有就是这个联欢会的主题、活动的名称，要起一个有意义的主题名称。

师：（赞赏）你说得对。是呀，还得写申请书向学校提交会场使用的申请。还有，我们以怎样的主题开展联欢会，就表明了这个活动的目的。举个例子，"回望童年"毕业联欢会，"拥抱美好明天"毕业联欢会，其实都说明了这个联欢会的目的。大家分小组想一想，讨论一下，你们组想给这个联欢会定个什么活动名称？为什么？

（学生分组讨论）

师：（示意学生暂停讨论）哪个小组派代表来说一说？

生1：我们组定的名称是"感恩母校，天高任鸟飞"毕业联欢会，我们在莲南小学学习了六年，我们应该感恩母校，以后好好学习不断进步，为校争光。

生2：我们组的活动名称是"梦想扬帆起航"，我们小学毕业了，但这不是终点，恰恰是一个全新的起点。

生3：我们组定的名称是"真情常在，青春不散"，同学们共同生活了六年，有深厚的友谊，大家都不愿意分开。

生4：我们组的活动名称是"奔跑吧，莲南少年"，希望我们每一个莲南的毕业生都能为实现自己的梦想不断努力、不断进步。

师：（鼓掌）同学们，太棒了！这些名称都起得非常有趣、有意义。同学们想好了自己组的活动名称，有了活动主题，接下来我们就要一起讨论联欢会都有哪些任务，也就是活动分工。这是策划书里非常重要的部分。同学们也可以根据我们班的实际情况，适当增减调整。下面请大家列一下策划书的初稿，包括活动名称、时间、地点、节目统筹、会场布置、道具准备、主持与串词撰写、秩序维护、场地清洁和活动报道等，都要考虑得非常细致。请各小组继续讨论，完成策划书初稿。

（学生小组合作，列出策划书的初稿）

师：（巡视小组，了解小组讨论情况）大家注意一下，有同学想得很细致，增加了摄影摄像、音响灯光和后期的资料整理等。特别提醒大家要注意学习提示中指出，分工职责要明确，就是每个人做什么事、承担什么任务，一定要在策划书里写得清清楚楚。在分工安排的时候，要考虑到班级同学各自的特长，分工要合理，不要出现一个人承担多个任务忙不过来的情况，要让更多的同学参与进来。还要注意在时间安排上不能有冲突，否则可能会影响联欢会的顺利进行。

生：老师，可以邀请家长帮忙吗？

师：（点头）当然可以，我们可以诚意邀请家长志愿者一起为联欢会出力。

师：已经讨论好的小组，可以分享一下你们的策划书。

生1：我觉得小琳同学当主持人比较好，她口才好，还不怯场。我可以和小锐、小文一起负责场地的布置与清洁。

生2：小滢画画好，我们安排她画黑板报，作为联欢会背景。我妈妈心灵手巧，她可以帮我们一起准备道具。

生3：我爸爸喜欢摄影，他可以帮我们摄影拍照。

（生讨论热烈……）

师：对，大家讨论得很好，就是要像这样，可以由同学推荐，也可以自荐，一起为办好联欢会献计献策，然后做好分工记录。

师：这里是一份已经策划好的活动分工，我们来看看分工是否合理，职责明不明确。（出示小组的策划书）请同学们评价一下这组同学的分工安排。

生：除了课本上的，他们小组还想到了活动通知、邀请函的制作、摄影摄像和后期资料整理。

师：是的，精美的邀请函很能凸显我们对被邀请人的诚意。

生1：这份策划书在会场布置里有一些小项目的考虑，分工职责非常明确，也非常细致，人员安排没有重复，各司其职，还邀请了家长志愿者和家委会成员。

生2：他们组考虑得很细致，想到了要向学校提交借用场地的申请，还列出了费用预算清单。

师：是的，一场联欢会的策划看似简单，但是有许多细节都要考虑到，不然活动进展会出现问题。活动分工，我们都安排好了，接下来我们要进入策划活动流程板块。我们先看看一些案例。（出示PPT）例如，我们可以按照"童年回眸""秀出真我""扬帆远航"三个不同的时间轴板块把全部节目串在一起，也可以按照课本里给我们提出的"毕业演讲""节目表演"和"交换毕业赠言"三大不同内容板块进行策划。策划书上的活动流程一定要清楚，这点很重要，要明明白白地写好，严格按照流程进行，确保联欢会活动万无一失。同学们，你们会如何策划联欢会的流程？

生：我想用"昨天""今天""明天"三大板块来设计。（学生们大笑）其实就是回忆过去我们校园生活的点点滴滴，呈现我们这个学期，大家如何团结友爱地学习、生活，展望未来我们的美好前程。

师：（笑）这确实也是一个不错的思路，很切合主题。

生：我想用"精彩瞬间""我想对你说""再见了，我亲爱的同学"三大板块来设计，让大家尽情诉说对同学、师长、母校的不舍之情。

师：（点头）我相信这一定会是很感人的联欢会。其他同学有更好的建议，可以在课后写进你们小组的策划书中。

师：还有一些细节问题，课前同学们都准备了很多节目，那么节目数量太多，时间不够，怎么办？这么多节目，活动的时候谁先谁后，又该怎么决定呢？这些都要在写策划书时商量好，做好统筹安排。老师建议同学们，相同内容可以合并，相同主题可以放在同一个板块，这样，活动流程就比较清楚了。当然，我们还可以设计一份详尽的节目单，让参会人员更加一目了然，适当美化，重点是突出节目，当然还可以设计一个精美封面。

生：我们可以把节目单附在邀请函上。

师：嗯，这样也可以。

师：（PPT出示）这里有三组同学撰写的策划书，我们一起来看看。第一份策划书的亮点在于同学们在会场布置中安排了一个"毕业书画展"，真是独具匠心。第二份策划书的活动流程中，同学们给每个篇章都取了一个好听的名字——"美好的遇见""琴声悠扬""难忘今宵"，这样引起了大家的共鸣。第三份策划书大家注意到了吗？它有一个活动准备，事先把要准备的内容罗列出来，一目了然。三份策划书条理清楚，分工明确，后面还有精美的节目单和封面，我们一起来欣赏。（播放PPT）

师：这些策划书能给你一些什么灵感吗？

生1：我们小组课后还要再想细一些，尽量设计一些有特色的环节。

生2：我想在活动中加入大家同唱一首歌，这首歌我们改编一下歌词，变成

我们六（1）班的毕业班歌。（学生鼓掌）

师：（赞赏，竖大拇指）好建议！

生：我想让爸爸帮我们班同学拍一段小视频，大家都来对母校、师长、同学说一句话。题目我还没想好。

师：这个想法很独特。

师：在整个联欢会的策划活动中，我们还会涉及申请书、邀请函、通知、报告、演讲稿等应用文，这些我们将会在整个应用文写作微课程中一一学习。

师：同学们，今天我们在课堂上通过梳理概括、小组讨论、智慧分享等方式，学写了毕业联欢会策划书，这一份份策划书里包含着大家对母校的怀念、对老师和同学的深情。同学们，那我们行动起来，赶紧和你的小组成员一起讨论策划起来，完成一份详细的毕业联欢会活动策划书吧。今天的学习就到这里，期待你们的精彩成果。

师：下课！同学们再见！

生：老师再见！

【教学反思】

小学语文教材中的应用文写作比较零散，学生也感觉比较枯燥。如何能做到活学活用？我的做法是将应用文写作开发成一个微课程。毕业联欢会是六年级学生最看重的活动，学生对活动抱有十足的热情。我因势利导，让学生自由组合，通过小组合作，完成本小组的毕业联欢会策划书，参加班级的竞标。各小组同台宣讲自己的策划方案，由全体学生投票选择最优方案。中标的小组调动全班同学，组织安排进行毕业联欢会活动的各项准备。活动过程中涉及钱、物、人、事等的安排，需要提交详细可行的"活动策划方案"给老师审核、指导。活动要借用学校的报告厅，需要写"申请书"提交学校后勤部门审批。活动要邀请家长、老师等嘉宾到场，于是需要设计"邀请函"发放给嘉宾。活动的过程还需要各种"发言稿""建议书""通知""告示""借条""温馨提示"等应用文。活动结束还需要写"总结"，为活动积累经验。于是，一个毕业联欢会活动就将整个小学应用文写作都串联起来。学生在这个微课程中全程参与，自主合作，综合能力得到极大的提升，应用文写作也从抽象变成了具体可感。

学生在本课的活动设计中，知识能力、情感态度等方面都有收获。学生们自己做主，热情高涨，从一开始的活动策划到布置会场，到"导演""小记者""小摄影"的活跃身影，再到后来学生们自编自导了整个活动，节目排练、邀请函、节目单、男女主持人、摄影师、灯光、舞台、道具、后勤，全员参与，全程拍照、摄影……学生自主策划、自主组织，到处都是学生忙碌的身影。活动结束后，还请家长将拍摄的视频上传至网络硬盘，供大家下载，以此给大家留作纪念。学生沉浸在整个活动中，每个人都有自己负责的事项，每个人都从活动中得到锻炼。

语文微课程指向学生综合素养的培养。相比其他课程，语文微课程有独特的优势，课程容量虽小，但便于操作实施；实施时间虽短，但特色鲜明，能够激发学生的学习热情；课程化、序列化、项目化的微课程是传统课堂学习的一种重要补充和拓展资源。如果将这些单个的、零散的、看似互不关联的、一个个短小的课程形成具有一定的关联性、逻辑性的课程群，那么它将为语文的课程改革提供有益的探索。

思维导图指导儿童诗读写课程案例

深圳市莲南小学　涂义红

【内容定位】

人教版小学语文五年级下册第二单元的主题是有关童年生活的，第9课《儿童诗两首》选编了诗人高洪波的《我想》和张继楼的《童年的水墨画》。这两首诗用丰富大胆的想象、简洁优美的语言，描绘出了生动的意境和画面，展现了孩子们自由自在和无忧无虑的童年生活。每个孩子的童年都有各式各样美丽的画面，充满了童趣，而且他们想象力丰富，这些都很符合儿童诗的特点；加上儿童诗简短，形式上比较自由，孩子们很容易上手；同时，儿童诗运用各种修辞手法，也是很好的习作训练素材。

本课核心问题是了解儿童诗，通过思维导图扩展思维，学写儿童诗。

本课学习重点是学会写简短的儿童诗。

本课学习难点是打开思维，展开丰富的想象。

【学情分析】

人教版小学语文教材里选编的儿童诗并不多，中高段每学年两首，儿童诗的写作也未被列入单元习作的目录中，因此，学生此前并没有学习过如何写儿童诗。五年级学生虽已具备一定的写作基础，了解一些写作方法，但平时的习作大多是"写自己身边熟悉的人、事、物"，纪实性居多。儿童诗语言简洁，要用到一些修辞手法，这对五年级学生来说不成问题，但要求展开丰富大胆的想象，却给平时以写"真人真事"为主的学生们带来一定的难度。

【教学目标】

（1）通过读儿童诗，了解儿童诗的特点。

（2）能借助思维导图的联想开花和联想接龙拓展思维，开发想象力。

（3）能写出语言简练、想象丰富的儿童诗。

【教学思路】

在学习《我想》时，学生们仿照原诗创作了一小节，他们兴趣浓厚，但思维放不开，于是便有了此课例。我们班的学生跟我学习思维导图已有两年，在了解了学生的学情后，我便引入思维导图中的联想开花和联想接龙，拓展与延伸他们思维的广度和深度，帮助他们充分联想和想象，以便创作出更有想象力的诗歌。本课设计了如下三个环节：①读儿童诗，了解儿童诗的特点。②通过思维导图发散思维，打开想象力。③创作简短的儿童诗，交流分享。本课的设计力求让学生掌握发散思维的方法，以便充分发挥想象，一步一步创作出富有情趣的儿童诗。

【教学设计】

教学设计概述

教学过程——环节（1）	
教学内容	读儿童诗，了解儿童诗的特点
教学目标	通过阅读《儿童诗两首》和扩展的儿童诗，了解什么是儿童诗以及儿童诗有哪些特点
核心问题	了解儿童诗的特点

教学过程——环节（1）		
	问题情境	解决策略
问题解决	①什么是儿童诗	①出示课文《我想》和《童年的水墨画》。 ②回顾这两首诗，说一说自己理解的儿童诗。 ③师小结什么是儿童诗
	②儿童诗有哪些特点	①出示五首儿童诗，逐一请学生朗读。 ②生各自交流特点。 ③师总结
教学过程——环节（2）		
教学内容	通过思维导图发散思维，打开想象力	
教学目标	能借助思维导图的联想开花和联想接龙拓展思维，开发想象力	
核心问题	发散思维，开发想象力	
	问题情境	解决策略
问题解决	①了解写儿童诗的困难	①生交流。 ②师提供工具——思维导图
	②联想开花，拓展思维广度	①出示主题"蘑菇"，由"蘑菇"想到什么。 ②生交流。 ③师用iMindMap即时记录、呈现。 ④板书小结联想方向：六感和场景
	③联想接龙，延伸思维深度	①师接龙示范。 ②生选定接龙主题。 ③一起接龙五个
	④小结思维发散步骤	①师生小结。 ②课件出示
教学过程——环节（3）		
教学内容	创作简短的儿童诗，交流分享	
教学目标	能自己进行思维发散，并完成简短的儿童诗	
核心问题	创作简短的儿童诗	
问题解决	①选定创作主题	①出示课件，指导选定形象。 ②生选定形象，并画出简单中心主题
	②大胆联想	①生联想开花5~6个，师巡视指导。 ②生选其中一个，接龙3~5个，师巡视指导

教学过程——环节（3）		
	问题情境	解决策略
问题解决	③自主创作、交流	①师给予创作指导和示范。 ②生自主创作，师深入指导。 ③生单独上台分享联想思路和创作的诗。 ④同一主题的学生同时上台，组合分享
	④拓展延伸	①简单介绍两种形式，完善儿童诗。 ②抄写诗歌，配上插图。 ③给诗集取名字

【教学实录】

（课前科代表领背古诗）

师：（微笑）同学们都背过很多古诗，那你们读过、背过儿童诗吗？

生：（齐声）读过，（一部分小声）没背过。（夹杂笑声）

师：是的，我们前两天刚刚学过《儿童诗两首》——《我想》和《童年的水墨画》，这两首诗通俗易懂、充满童趣，大家喜欢吗？

生：喜欢。

师：今天我们也来写一写儿童诗。（出示课题：写儿童诗）

生：（面面相觑，惊讶）啊？不会啊。

师：（哑然失笑）别慌，我们先来了解什么是儿童诗。

生：具有儿童般的丰富想象力的诗。

师：（微笑点头）你的想象力也很丰富。来，看看什么是儿童诗，（出示课件）一起读。

（生齐读）

师：顾名思义，儿童诗是写给儿童的诗，因此，它会有一些儿童的语言、儿童的情感。那么，儿童诗有什么特点呢？我们先来读几首很有趣的儿童诗，一边读一边思考。

师：第一首，（出示课件）谁来？平时我们都特别会朗读的。

生：（读诗）爸爸的鼾声……（非常有感情。师微笑点头，生热烈鼓掌）

师：这是我们小小的儿童诗朗诵家小蕊。下一首请谁来？（出示《云》，生纷纷举手）

生：（读）云……

师：（点头微笑）真不错！（出示《谁见过风》）这首大家一起来，预备起——

生：（齐）谁见过风……（几位学生边读边摇头晃脑）

师：读得真好，我们班同学都是朗诵家啊。下一首《雪》，请一位男同学来读。

生：（朗读）雪……（读了前两节，磕磕巴巴）

师：（微笑）这样，我们一起来帮他。

生：（齐读后两节）雪是幸福的使者……（专注而有感情）

师：好，现在告诉我儿童诗有哪些特点。（生纷纷举手）

生：儿童诗的特点就是它们都十分有童趣。

师：（肯定的眼神和语气）有童趣！说得好！

生1：往往有丰富的想象力。

生2：语言都很精练。

生3：用了很多修辞手法。

师：刚才读过的诗中有哪些修辞手法？

生：排比、拟人、比喻、夸张。

师：（点头）非常好。有没有发现儿童诗的篇幅都很——（语速很慢）

生：短小。

师：所以，儿童诗的第一个特点，篇幅短小；第二个，想象丰富；第三个，语言凝练；第四个，感情纯真，因为是写给儿童的诗，拥有儿童的情感；并且主题鲜明，有多种表现手法。

师：知道了它的定义、特点，我们现在可以写儿童诗了。（停顿片刻，微笑环顾全班）有困难吗？（学生踊跃举手）

生：主题、题目……

师：好，等一下我会给你指导。

生1：素材。

生2：结构如何安排。

师：结构、素材，这些都是非常专业的名词啊！

生：内容如何发散。

师：如何把想象力打开，对吗？我们知道有一门工具可以做到这一点。（胸有成竹地注视大家）

生：（齐）思维导图。（出示完整课题：用思维导图写儿童诗）

师：所以，我们今天就用思维导图的方式来写儿童诗。思维导图当中有一个非常非常有用的技能——联想。首先我们可以进行联想开花，知道什么是联想开花吗？

生：通过一个题目，分别发散出不同的角度。

师：假如老师给你一个题目"蘑菇"，由蘑菇你想到了什么？

生：（自由发言）大地的耳朵（第一个主干）。（生笑，气氛活跃）

师：由蘑菇你想到了大地的耳朵。（师用iMindMap软件即时记录）

生：我想到了房子。（师记录第二个主干：房子）

生：我想到了雨伞。（声音响亮）

师：雨伞。（敲第三个主干：雨伞）（生小声笑，师微笑用食指示意安静）

生：我想到了吃火锅的金针菇。（生大笑不止）

师：（大笑）由蘑菇想到了金针菇。（敲第四个主干：金针菇）

生：雨天。

师：（惊喜地）啊，这个非常好啊！（指联想开花思维导图）刚才我们想到的房子、蘑菇、雨伞都是从蘑菇的形状上去进行想象的，可是小泽说想到了雨天，是从什么来联想的？

生：（七嘴八舌）从它的生长环境。

师：对，从生长环境想到的，甚至可以说是时间或者气候，思维打开了啊！（敲第五个主干：雨天）既然我们可以从时间上去想，那还可以从哪里去想？

生：我想到了松鼠。

师：（声音延长，惊讶地）啊，松鼠，你能说说为什么想到了松鼠吗？

生：因为松鼠非常喜欢吃蘑菇和榛子。

师：非常棒！（敲第六个主干：松鼠）

生：我想到了森林。

师：想到了地方，因为蘑菇长在森林里。（敲第七个主干：森林）

生：我想到了苔藓。

生：我想到了大自然。

师：森林、大自然，它所生活的环境（敲第八个主干：大自然）。提醒一下，蘑菇摸起来是什么感觉？（做抚摸动作）

生：（七嘴八舌）软软的……

师：会让你想到什么？

生：（争先恐后）棉花。

师：看你们的想象力多丰富！（敲第九个主干：棉花）

生：（很小声）还想到了剧毒。

师：（疑惑）"巨壶"？

生：（哄堂大笑，大声重复）剧毒——

师：（恍然大悟）呃，剧毒！从它的味道上去想的，太棒了！（微笑敲第十个主干：剧毒）

生：我想到了菌类。

师：从它所属的种类上去想的。（敲第十一个主干：菌类）

生：我想到了刀。（生哈哈大笑）

师：（微笑眨眼）为什么呢？

生：因为切蘑菇的时候要用到刀。

师：（笑伸大拇指）想到了工具。（敲第十二个主干：刀）

师：这就是思维训练。在写诗歌的时候，首先要进行联想的思维发散（板书：思维发散）。我们可以从哪些方面来发散呢？比如它的形状、颜色，这是从视觉上看到的（画第一条主干，板书：视），也可以从它的——

生：（接）味道。（师板书：味）

师：还可以从——

生：环境。

师：摸一摸有什么感觉？

生：触觉。

师：对，触觉。（板书：触）

生：（有学生小声）五感。

师：（欣慰地笑）已经有同学概括出来了，对，是五感。（指板书）有视觉、味觉、触觉，还有什么？

生：听觉。

师：是的。（板书：听）还可以从——

生：嗅觉。

师：闻一闻它的香味。（板书：嗅）这是五感，其实我们常说有六感——

生：还有感觉。

师：对！（板书：感）所以，我们可以从六感来进行想象（在主干线条上添加板书文字"六感"）。刚才我们还提到了生长环境，这是什么呢？

师：（板书第二条主干）现在给大家介绍另一个发散方向：人、事、时、地、物（板书），也就是可以从场景方面进行想象（添加文字"场景"）。采蘑菇的人你想到了谁？（手指板书"人"）

生：（唱）采蘑菇的小姑娘……

师：（笑，手指"事"）吃蘑菇的时候你想到什么事情？

生：毒蘑菇，中毒。

师：（微笑）一般什么时候去采蘑菇？

生：春天、清晨、下雨的时候。

师：一般去哪里采蘑菇呢？（手指"地"）

生：森林。

师：去哪里买蘑菇呢？

生：（很快接上）超市、菜市场……

师：（指板书"物"）一说到蘑菇，我们就想到用刀切蘑菇，用背篓装蘑菇。思维训练，我们可以用六感和场景的方式去进行发散。

师：联想开花完成了还要怎样？

生：（齐）联想接龙。（声音响亮）

师：对。比如由露珠我想到了雨，因为它们形状很像，由雨想到了彩虹（指天），因为雨过天晴就能看到彩虹，由彩虹我想到了小屋子，因为小时候打开我小屋子的窗户就能看到彩虹，由小屋子我想到小时候捉迷藏就经常躲在某个角落，因此我想到了捉迷藏。这就是我的联想接龙。

师：（指着屏幕上的"蘑菇"思维导图）我们来选一个主题，你们对哪一个最感兴趣？

生：剧毒。（声音最大，人数最多）

师：好，那我们就来对剧毒进行联想接龙，接3～5个。

生：死亡。（全班哄堂大笑）

师：你想到了死亡。（用iMindMap软件在"剧毒"后面敲分支"死亡"）

生：棺材。

师：我们刚才说，联想开花可以用场景和六感的方式，接龙同样如此。棺材和死亡属于同一类型，还有没有其他的？

生：恶心……

师：（皱眉不解）说说原因，为什么想到死亡就想到恶心？

生：因为看到电影中的死亡会出现犯罪现场，让人觉得很恶心。

师：呃，想到犯罪现场（敲分支"犯罪"），好，我们继续，想象越离奇、越夸张越好。

生：口吐白沫。（生笑得不可自抑，笑声不绝于耳）

师：你说的是由死亡想到的吧？现在是由犯罪想到了什么？

生1：枪毙。

生2：头戴黑丝袜的歹徒。（笑呵呵，气氛活跃）

师：他描述得特别形象，连衣着都说出来了。（敲分支"歹徒"）

生：监狱。

师：能够再发散一些吗？用六感和场景的方式。现在由歹徒想到了什么？

生：战争。

师：很好，由歹徒想到了战争（敲分支"战争"）。再联想一个。

生1：我由战争想到了和平。

生2：我想到了兵器。

师：战争需要兵器、武器，对吗？（敲分支"武器"）这就是我们的联想接龙。（指屏幕思维导图）从蘑菇开始，一直到武器，我们想到了这么多，是不是思维上一个非常大的跨越？如果把它们写到诗歌里，我们的诗歌是不是充满了无穷的想象？

（生纷纷点头）

师：如果我们想写一首很长的诗，可以在每一个分支后面都进行3～5个联想接龙。如果你只想写短诗，选最感兴趣的两三个主题发散就可以了。

师：现在我们来总结一下思维发散的三个步骤。第一个是选定形象，我们这次选定的是什么呀？

生：蘑菇。

师：第二个，进行联想开花；第三个，进行——

生：联想接龙。（随生回答，师逐一出示课件）

师：下面我们开始练习。首先来选定形象。我们可以选什么呢？（出示课件）可以是各个季节、各种自然景物，还可以是各种生物、各种职业。这是第一步。

师：大家先选定一个形象，不需要很复杂的图，只画一个框，里面写上题目就可以了，凭感觉选一个，形象越具体越好。

（生选定形象，画简单的中心主题，师巡视指导）

师：现在我们来完成第二步——大胆联想。首先请你联想开花写5~6个，不需要换笔，一支笔画下来。（生联想开花，师巡视）

师：联想开花完成了，再选其中的一个主干进行联想接龙，3~5个。联想开花和联想接龙都可以从六感和场景的方面去进行。（生联想接龙，师巡视指导）

师：第三步特别重要（出示PPT）。在写作方法上，诗歌的表达比较自由，但也要注意，一是要大胆，用上各种修辞手法；二是语言要精练，主语、宾语都可以去掉；三是要注意分行，写一小段就行。

师：给大家一个示范。我用露珠进行思维发散后，写下了这样一首小诗：露珠不知说了啥/雨水点点头/歌唱了很久/微风跑过来/天蓝了/云白了/彩虹穿上七彩衣/高高地挂在天空/树荫下的小屋旁/露珠和孩子们玩起了捉迷藏。（出示思维导图和小诗，生热烈鼓掌）

师：（微笑）就是这么一首简短的小诗，三行、四行、五行都行，把它写在你刚才联想开花和联想接龙的旁边。

师：用什么作为题目呢？也就是你的中心主题，当然也可以把它更加形象化。

（生埋头创作，师巡视细致指导）

师：如果你提前写完了，就给它润润色，比如加一些修饰的词语，用一些恰当的修辞，修改一下语言，还要稍微给读者留一些想象的空间，不要太直白。

（继续巡视，一对一具体指导）

师：来，哪位同学给我们展示一下你人生中的第一首儿童诗。小哲，请上来，（投影展示作品）首先请介绍一下你的联想开花和联想接龙。

生：我从火想到了火锅和水、喷火器、火柴、木头、帷幕，还有火烧云；从水我想到了小河、大海、沙滩、阳光、白云、蓝天和飞机；从火烧云我想到了动物和植物。

（读诗）你看天边的云霞/火烧云出现了/它像火/如云/像动物/又像植物/像是被太阳烧过似的/有蓝/有紫/有红……（生热烈鼓掌）

师：（微笑点头）我特别喜欢"像是被太阳烧过似的"，充满了动感，非常棒！不过，最后一句话我想这么写：有红/有蓝/有紫……颜色逐层加深，而且也更押韵。小翔，你来。

生1：（大方流畅）我由作家想到了写故事、画笔，还有赚钱、曹文轩叔叔。（师微笑看全班，大幅点头）我由写故事想到了墨水，由墨水想到了乌黑的头发，由乌黑的头发想到了白头发，又想到了老人。

（读诗）《作家》：有一位作家叔叔/他用双手攥住自己乌黑的头发/挤出一滴一滴的墨水/用它为孩子们写故事/最后/故事写完了/墨水用完了/作家叔叔的头发变白了/"作家叔叔"也就变成了"作家爷爷"

生2：（惊叹、热烈鼓掌）哇——

师：想象力棒不棒？你们最喜欢哪一句？

生1：他用双手攥住自己乌黑的头发……

生2：故事写完了……

师：用头发写故事，故事写完了，头发也就变白了（微笑，随诗歌节奏缓慢念出）。再次把掌声送给我们的小诗人小翔（提高音量）！（生再次热烈鼓掌）

生：我从春天想到了花草、树木、云朵、动物和空气。我从云朵这儿开始了接龙，我从云朵想到了棉花，从棉花想到了木棉树，从木棉树想到了织布者，从织布者想到了被子，从被子想到了温暖，从温暖又想到了怀抱。（教师微笑注意学生们的反应）我写的诗是：《云朵》：天空中飘过一片……云朵飘走了/温暖却留下了。（生热烈鼓掌）

师：经典的语言，云朵飘走了，温暖却留下了。一首诗里有一两句这样经典的句子，这首诗就可以成为名诗。还有谁来？

生：我感觉我写得有一点问题，您先帮我看一眼。（生哄堂大笑）

师：（笑）三人行，必有我师。我们一起帮你诊断哈。

生：我选的中心主题是医生，（手指实投屏幕）这是发散的。由医生想到手术刀，由手术刀想到死亡，由死亡想到太平间，由太平间想到棺材，又想到德古拉和阳光。

师：你们觉得他这个思维发散哪里最精彩？

生：由棺材想到德古拉。

师：好，现在读一读你的诗。

生：（读诗）《医生》：医生正握着手术刀/死亡在太平间游荡/床上摆着一排棺材/吸血鬼德古拉伯爵/从棺材里爬了出来/一束阳光照射进来/德古拉变成了石头（师生热烈鼓掌）

师：这首诗，你们觉得哪里特别棒？

生：死亡在太平间游荡。

师：为什么？

生：拟人，想象特别丰富。

师：是啊，你看"一束阳光照射过来，德古拉伯爵变成了石头"。

师：所以，经过这样的发散练习，刚才说不会写诗的同学现在告诉我，会了吗？

生：（齐答）会了，会了，会了！

师：有没有同学写同一个主题的？不同的同学各一小节，组成一首完整的诗。

生：（小声）春天，春天。

师：好，写春天的请举手。（四位学生举手）请你们拿着作品上来，站成一排，商量一下，安排一下每小节的顺序。（四位学生浏览彼此的诗歌，迅速排好顺序）

（师播放音乐，台上四位学生配乐朗诵自己的诗）

生1：《春天》：春天来了/雨水躺在了荷叶上/呱呱/呱呱/青蛙蹦来蹦去/一束阳光照过来/旁边的小孩正在等着小鱼小虾（非常有感情，很合音乐节拍，师微笑点头）

生2：天空中飘过一片云朵/像棉花一样洁白/它飞过蓝天/落在木棉树上/织布者轻轻摘下/带回了家/织啊织/织出了一个被子/就像温暖的怀抱/暖暖和和/云

朵飘走了/温暖却留下了

生3：噼里啪啦/噼里啪啦/大大的雨点打在窗上/不一会儿/雨停了/雨点就像睡着的小姑娘/静静地躺在花瓣上/树叶上（师专心聆听，随节奏微笑点头）

生4：雨过天晴/彩虹出来了/五颜六色/仿佛有七个小朋友/在上面画画/画出了红色/画出了橙色/画出了黄色/画出了一道彩虹（师生热烈鼓掌）

师：（满面笑容）谢谢。太厉害了！四位同学用相同的主题写诗句，再连成一首完整的诗歌，这样的方式也很棒。

师：今天我们只写了诗歌的一小节，请同学们回去后完成以下作业（出示课件）：首先，每位同学至少完成三朵花的联想接龙，适当地添加开头或结尾，做一首完整的诗。完整的诗歌的形式有两种，第一种是排比式（出示《我想》）……第二种是故事式（出示《纸船》）……（停顿片刻，让学生消化）

师：之后，将诗歌抄写在A4纸上，配上插图，纵向排版。最后我们会将作品结集成册，请同学们取一个好听的名字。

师：现在我们用一首诗来结束今天的课。（出示课件《诗》）

师生同诵：《诗》：诗是一只背篓……

师：课下我们可以把自己的诗分享给同学和爸爸妈妈。

【教学反思】

儿童诗形式活泼，语言生动，想象丰富，充满童趣，深受儿童喜欢。在学习了《儿童诗两首》之后，我带着学生进行了儿童诗的创作。

在进行写作指导之前，我先做了学情调查。我问学生："关于儿童诗的写作，你们觉得最难的是什么？"学生回答：如何安排诗歌的结构，怎样做到押韵，可以采用哪些表达方法……而"如何展开丰富的想象"是大多数学生的问题。由此，我确定了这堂课的教学目标——展开丰富的想象进行儿童诗创作。

儿童是最富于想象和联想的，这就要求儿童诗要在想象的世界中用心灵和儿童对话。可是，如何才能打开想象的大门，创作出有意境的诗歌呢？我想到了思维导图。思维导图中的联想开花和联想接龙能有效拓展与延伸思维的广度和深度，使想象被无限激发。于是，我决定用思维导图来指导学生写儿童诗。

在确定了主题"蘑菇"后，我带着学生先进行联想开花，拓展学生的思维广度。这时，我引入了思维导图软件iMindMap，即时记录和呈现学生发散出来的思维，形象生动，效率很高。在此过程中，根据学生的回答，总结出发散时可以从六感和场景方面来进行，给学生提供方法指导。发散出十二条主干后，我又让学生自定一条主干，进行联想接龙，延伸学生思维的深度，用iMindMap即时记录呈现。练习完联想开花和联想接龙，便让学生自选主题进行诗歌创作。创作也是一步一步进行：选定形象、联想开花、联想接龙、创作诗歌。同时，教师还进行了创作示范。最后的展示环节，学生的联想发散和诗歌创作都很精彩。

总结下来，我觉得这堂课的成功之处在于：

（1）有效地借助思维工具——思维导图发散了学生思维，降低了写作难度。

（2）合理运用信息技术，提高学生兴趣和课堂效率。

（3）思维发散很成功，课堂气氛非常活跃。

（4）步骤清晰，示范性和指导性都很强。

（5）将不同学生写的同一主题的诗串联成完整的诗歌并进行配乐展示，非常有创意，将课堂推向高潮。

不过，我觉得我的课堂语言还需要更精练，而且要让学生写好儿童诗，真的不是一节课就能完成的事，还需要铺垫一些相关知识，做一些相关训练。

附：

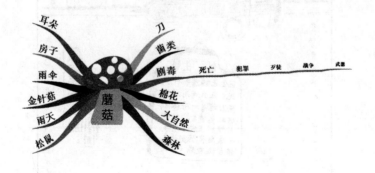

用iMindMap进行联想开花和联想接龙

板书设计：

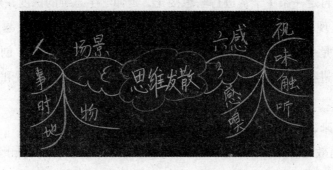

学生作品：

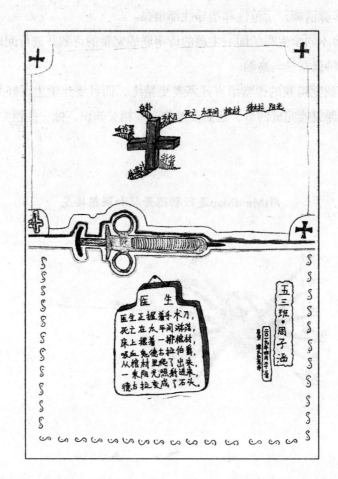

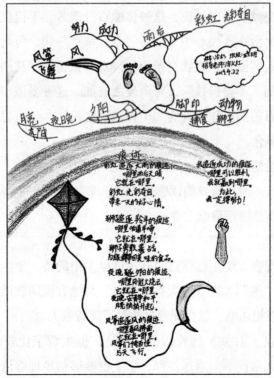

《诗经·召南·甘棠》经典素读阅读课程案例

深圳市莲南小学　周　璐

【内容定位】

《诗经·召南·甘棠》是《中华经典素读范本》一年级下册选录的一篇。《中华经典素读范本》由陈琴老师主编，选录的都是中国古代的经典篇目。教学这首诗的目的主要是让学生了解《诗经》中重章叠句的艺术特色，感受诗歌中音律的整齐和谐，领会诗歌的主题。

《诗经·召南·甘棠》是一首四言诗，这首诗的写作背景在《史记·燕召公世家》中记载得比较明确：召伯南巡，所到之处不占用民房，只在甘棠树下停车驻马、听讼决狱、搭棚过夜，这种体恤百姓疾苦、不搅扰民间、为民众排忧释纷的人，永远活在人民心中。全诗三章，每章三句，每句四字。全诗由睹物到思人，由思人到爱物，人物交融为一。对甘棠树的一枝一叶，从"不要砍伐、不要毁坏"到"不要折枝"，可谓爱之有加，这种爱源于对召公的衷心感激。而这首怀念召伯的诗作被誉为"千古去思之祖"。"去思"一词指地方百姓对离职官吏的怀念。

本课核心问题是感受诗的音韵感及重章叠句的写作特点。

本课学习重点是通过指导朗读感受诗的意境，体会诗的感情。

本课学习难点是理解诗歌大意。

【学情分析】

从一年级到现在，学生已学过11首《诗经》中的诗。学生初步了解了《诗经》分为"风""雅""颂"三大类。"风"是地方民间歌谣；"雅"是宫廷乐歌；"颂"是祭祀乐歌。学生能通过注释了解诗歌大意。

《诗经·召南·甘棠》这首诗语言浅显，但生僻字比较多，需要带领学生多读，才能把文章读顺。通过注释，学生也能够初步理解诗文大意，但对于本诗意境的体悟还存在一定困难，主要表现在学生对写作背景不了解，不明白"勿翦勿伐""勿翦勿败""勿翦勿拜"的原因。

【教学目标】

（1）正确、有感情地朗读诗文，读出诗的节奏、韵味。

（2）了解文章大意，感受人们对召公的尊敬和爱戴。

（3）背诵积累。

【教学思路】

经典素读的课堂有一个基础模式，我把它归纳为"教学四部曲"。第一步，正音朗读形式多。正所谓"读书百遍，其义自见"。在朗读的过程中，要求读准字音，读通顺，读流利。朗读的形式可以多样化，激发学生朗读的兴趣。第二步，古文今译明大意。课件呈现古文的注释，学生先自己理解。然后教师读译文，学生对照读一读古文，加深理解。第三步，熟读成诵我乐背。在初次背诵时，教师可以出示领头词句提示，我们称之为"镂空背诵"。接着可以集体背、小组比赛。第四步，故事链接引共鸣。可以是背景故事，亦可以是关联故事。用丰富多彩的典故来激发学生的学习兴趣。

【教学设计】

教学设计概述

教学过程——环节（1）		
教学内容	初读课文	
教学目标	解诗题；正诗音	
核心问题	读准字音，读通顺，读流利	
问题解决	问题情境	解决策略
	①读诗题，你知道了什么？ ②读诗歌，你能借助拼音把字音读准吗	①学生齐读，分步解题。《诗经》是我国最早的一部诗歌总集；"召南"是地名；"甘棠"指梨树。 ②学生自读，读准字音。难读部分，教师读一句，学生跟读一句
教学过程——环节（2）		
教学内容	精读诗歌	
教学目标	理解诗意	
核心问题	有节奏地朗读	

教学过程——环节（2）		
问题解决	**问题情境** ①请同学们按节奏读诗。 ②这首诗歌的句式有怎样的特点？ ③读注释，思考每句诗的意思。 ④观察"伐"和"茇"，你发现了什么	**解决策略** ①学生歌诀乐读。指名读、拍手齐读。 ②学生观察、发现。各章只改动了个别字。重章叠句是《诗经》中常用的句式。 ③学生看注释，尝试解释。教师依据学情，引导学生准确理解诗意。师生文白对读。 ④理解押韵

教学过程——环节（3）	
教学内容	熟读成诵
教学目标	能背诵诗歌
核心问题	积累背诵
问题解决	**问题情境** ①熟读诗歌。 ②背诵诗歌 **解决策略** ①师生合作读，男女"打地鼠"读，小组波浪读。 ②镂空提示法练习背诵，全文背诵

教学过程——环节（4）	
教学内容	背景故事
教学目标	体会诗中的情意
核心问题	入情入境地感受诗人所表达的感情
问题解决	**问题情境** ①为什么勿伐、勿败、勿拜甘棠树呢？ ②你怎么理解这种爱屋及乌的感情？ ③请同学们跟着老师吟诵，用声音传递出这份感情 **解决策略** ①教师讲召伯的故事。 ②引导学生想象召伯做了什么事，令老百姓如此爱戴他。 ③教师先吟诵一遍，学生静听感受，然后再带着学生吟诵

【教学实录】

师：（微笑地）同学们，你们知道他是谁吗？

（课件出示孔子的图片）

生：孔子。（肯定地回答）

师：（竖起大拇指，对学生进行表扬）你可真博学。这就是我们的至圣先师孔子。孔子说过"不学诗，无以言"。这里的"诗"指的是什么书呢？

生：我知道"诗"指的是《诗经》。（神情十分得意）

师：你说对了，太棒了，为你鼓掌。

（老师和同学们为他鼓掌）

师：《诗经》是我国最早的一部诗歌总集，孔子编订。你们读过《诗经》中的哪些诗呢？

生1：《诗经·小雅·鹿鸣》。

生2：《诗经·鄘风·相鼠》。

生3：《诗经·周颂·烈文》。

生4：《诗经·卫风·木瓜》。

师：哇！同学们的积累好丰富啊！我们之前讲过《诗经》分为"风""雅""颂"。"风"是地方民间歌谣，"雅"是宫廷乐歌，"颂"是祭祀乐歌。请同学们观察这首诗的题目。谁能说说你知道了什么？

生：《诗经·召南·甘棠》，这是一首国风。其中，"诗经"指出自《诗经》这本书，"召南"是地名，这首诗是召南这个地方的民间歌谣，"甘棠"是诗的主题。

师：太厉害了。回答非常完整。（微笑）我们一起来读课题。（手指课题）

生：诗经·召南·甘棠。（学生读成zhào，读错字音）

师：召"shào"，诗经·召南·甘棠。我们再来一遍。

生：诗经·召南·甘棠。

师：接下来，请同学们借助拼音自己读诗歌，把字音读准。

（生自由读）

师：谁来朗读给大家听听？哇！这么多人都想读啊！给积极的你们点赞。

（指名两位学生读诗歌）

师：声音非常动听，不过有几个字的字音需要注意一下。诗中的几个生僻字，请同学们跟着老师多读几遍，把字音读准，句子读顺。

（齐读一遍，男生、女生各读一遍）

师：接下来，我们用歌诀乐读法来读一读第一章。同学们自己尝试读一遍。

（出示停顿。学生练读：蔽芾甘\棠，勿翦勿\伐，召伯所\茇。）

师：谁能站起来给我们读一读？

生：（高高举起小手）蔽芾甘\棠，勿翦勿\伐，召伯所\茇。（大声读）

师：节奏很棒哦！我们一起来打着节奏读一遍。

（全班拍手齐读）

师：再来看第二、三章。我们一起读。

（全班拍手齐读）

师：文章读通顺了。请同学们观察全文，看看文中有哪几个字是不同的，把它圈起来。我给你们圈出来第一个"伐"字。剩下还有哪些字呢？

生：茇、败、憩、拜、说。

师：你们可真是火眼金睛啊！一下子全找出来了。这首诗除了这几个字，其他的字都在重复、重复，形成了一种复沓之美。这种重章叠句是《诗经》中常用的句式，增强了诗的音乐性和节奏感，情感在反复中逐渐加深，得到尽情的抒发。我们来读一读这六个字。

（生齐读）

师：（出示注释、图片）我们先来看第一章。谁能说说自己的理解？

生：甘棠树茂盛高大，不要剪它不要砍伐，召伯曾住在这树下。（声音有些小，有点不自信）

师：回答非常正确。（大声说并摸摸孩子的头鼓励孩子）"伐"指的是什么？"茇"指的是什么？

生："伐"指砍伐，"茇"指住在这里。（大声说）

师：好快的反应，小脑袋瓜真灵活，声音也很响亮，全班都听到了。

（出示第一章译文，请学生们齐读一遍）

师：孩子们读得很棒，没有拖音。孩子们这章的意思懂了吗？

生：懂了。（响亮地回答）

师：我们来看第二章。谁能来根据注释说说自己的理解？

生：甘棠树茂盛高大，不要剪它不要毁坏，召伯曾在这树下休息。（自信地回答）

师：（鼓掌）优秀的解读。（出示第二章译文）来，**快速读一遍**。

（生齐读）

师：那么"败"的意思是什么？"憩"的意思又是什么？

生："败"指毁坏，"憩"指休息。

师：谁能来翻译一下第三章？

生：甘棠树茂盛高大，不要剪它不要拔掉它，召伯曾在这树下停下马车歇息。

师：好，我们来读一读第三章译文。

（生齐读）

师：这里"拜"的意思是什么？"说"的意思是什么？

生："拜"指拔掉，"说"指停下马车歇息。

师：（鼓掌）"说"字解读得真好。它和上面的"憩"所表达的休息不一样，是停马解车休息。

师：文章理解了。我们来合作读一读吧！老师读译文，你们读原文。准备好了吗？开始啦！

（师生合作读）

师：接下来我们男生女生来比赛。合作读全文。

（男生读一句，女生接下一句。然后交换位置，女生先读，男生再接下一句）

师：男生女生都读得很有劲儿啊！那读了之后，我们发现，反复的句式是哪几句？

生：蔽芾甘棠，勿翦勿……召伯所……

师：整首诗解释来解释去，都是重复的解释。只有哪几个字不同？

生：伐、芰、败、憩、拜、说。

师：那么按照这个规则，我们来记忆一下整首诗。诗的题目是什么？

生：诗经·召南·甘棠。

师：一共有几章？

生：三章。

师：先写"勿伐"，因为召伯所"芰"。作诗的人为了不让我们混淆，还在音韵上做了一些探究。你们看"伐"和"芰"的韵母，有什么秘密？

生：都是a。

师：观察得很仔细，它们是同一个韵，我们可以通过音韵来记。第二章中，"败"对应的韵字是"憩"。这个字在我们今天的普通话中是不押韵的，但是古方言是押韵的。那么第三章中，"拜"对应的是什么？

生：说。（响亮地回答）

师：可"拜"和"说"的韵母不一样啊。

生：古时候它们是一样的。（笑着回答）

师：现在大家能把整首诗背下来吗？

生：能。（齐答）

（镂空背诵）

师：（竖起大拇指）好厉害，这么短的时间就把诗给背下来了。那老师要加大难度了哟。去掉提示的字，你们还能背下来吗？

生：能。（非常自信）

师：来吧！（微笑）

（齐背全文）

师：既然会背了，老师想问一个问题。为什么甘棠树勿翦勿伐、勿翦勿败、勿翦勿拜？

生1：因为召伯曾在甘棠树下休息过。

生2：因为人们看到这棵甘棠树就想起召伯。

师：是的。那召伯是谁呢？我们一起来看看。（课件出示）召伯，周宣王的大臣。传说召公每次去民间巡查办公、体察民情时，为了不打扰百姓，常常在甘棠树下搭建一个临时草舍。在这里，他日夜办公，认真倾听百姓呼声，为百姓及时解决生产和生活中的困难，备受百姓爱戴。召公去世后，老百姓常常怀念召公在甘棠树下办公的情景，就把甘棠树当作召公清廉贤明、德政爱民的化身来敬拜。

（教师吟诵一遍诗歌，第二遍学生跟着老师吟诵）

师：我们常说爱屋及乌。把它放到这首诗里，你们是怎么理解的呢？

生：老百姓爱戴召伯，所以爱护甘棠树，不去砍伐、毁坏。

师：这首诗产生之后，中国的文化史上有了一个特殊成语，叫"甘棠遗爱"，用来颂扬离去的地方官。而这首诗也被誉为"千古去思之祖"，"去思"指地方百姓对离职官吏的怀念。

师：敬其人爱其树，一棵小小的甘棠树承载着大家对召公的爱戴与怀念，令人感动。让我们带着对召公的尊敬和爱戴之情一起来读这首诗。

（全班吟诵）

师：你仿佛看到了什么？

生1：夜深了，召伯还在树下工作，没有休息。

生2：下雨了，召伯坐在简陋的棚子里办公。地方官请他去府衙。他摆手说："府衙离这里太远了，我就在这里，在老百姓身边，他们找我帮忙更容易呀！"

生3：老百姓感谢召公，给他送来了自己种的瓜果、家里的食物。召公感谢百姓，但是请老百姓把东西都拿回去，他知道老百姓都不富裕，拒绝收礼。

师：你们说得太好了，通过你们的想象，一位不占用民房，只在甘棠树下搭棚过夜，为百姓解决困难，清正廉洁的好官出现在我们眼前。召公除了被百姓爱戴，古往今来还有许多诗人写下诗句赞美他。

（出示课件，学生齐读）

生：天寒召伯树，地阔望仙台。——杜甫

春桥杨柳应齐叶，古县棠梨也作花。——韩翃

在昔召公去，国人爱棠树。——李元伯

甘棠千载村，蔽芾到如今。——范吉

师：（深情地说）老百姓们怀念召公，就在陕县城中修建了一座召公祠，祠堂的院中便栽着甘棠树。同学们有机会可以去陕州，到"甘棠苑"走走，看看后人为召公种的甘棠树，感受一下"国人爱棠树，树下思召公"。（出示图片）

师：同学们，最后我们一起来背诵诗文，感受老百姓对召伯的怀念与爱戴。

（全班齐背）

师：愿大家都能做一个为他人着想、正直的人。

【教学反思】

《诗经·召南·甘棠》是人们怀念召伯的诗，"勿伐""勿败""勿拜"三语显示出人们对甘棠树的爱惜，从而表达了人们对召伯的思念。在教学中，我本着素读经典的教学策略，先正音朗读，因为《诗经》中的许多字，孩子们从来没见过。在孩子们读通读顺后，再开始歌诀乐读，孩子们一边拍手，一边读，读得特别有劲儿，读书的兴趣一下子就被激发了出来。在反复诵读文本后，孩子们加深了对文本的熟悉感，接下来理解起来就更容易。因为《诗经》的特点是重章叠句，所以，我的解读重点放在了文中的六个字上，其他重复的

地方就略讲。这六个字文中都有注释，孩子们看了注释都能明白。为了帮助孩子们记忆，我带着他们观察，发现韵字，从而根据音韵来记忆。果然，讲了之后，孩子们记忆起来容易了很多，不会混乱。而让低年级的孩子理解这首诗中的感情，最好的方法就是讲故事。听了故事，孩子们就有了画面感。接下来，让他们再发挥想象去补充。通过他们的补充，召伯的形象跃然而出。如此一来，孩子们对于老百姓爱戴召伯、怀念召伯的情感有了深刻的理解。最后，通过跟着老师吟诵，用声音传递出情感，进而升华。学完了文章，孩子们对这首诗有了更深刻的认识，他们的内心也在怀念这样一位为民众排忧解难的好官。

"竹·风筝"万物启蒙阅读课程案例

深圳市莲南小学　李宇颖

【内容定位】

莲南小学以自然为师，将学校的办学哲学定位为自然教育。"自然扎根，自在舒展""因为有你，芬芳不已"，这是孩子们课间操时喊出的嘹亮口号，也是学校的办学理念与校训。莲南小学的自然教育旨在让孩子们踏着自然的节奏成长，根植自然，芬芳未来。

莲南小学三楼的小平台有一片小竹林。竹子虚心有节、坚韧不屈，恰似谦谦君子。《诗经》有言："瞻彼淇奥，绿竹猗猗。有匪君子，如切如磋，如琢如磨。"我们班级以"竹子"为师友，开展了"竹课程"，学生们探索竹子，贯通生活、体悟文化，实现了玩中学，学中思，提高了探究学习的能力，唤醒了人文情怀，习得人与世界相处的智慧。

结合万物启蒙"物—器—道"三阶的学习理念，竹课程构建了教学的新模式，学生的学习不再限于教室中，他们能够徜徉在竹林中，去观察"竹子是什么"，在历史的长河与现实生活中寻找"竹子能做什么"，在资料的收集与感悟中了解"竹子与世界的关系"，即通过"物—器—道"三阶的系统学习，学生养成了良好的观察能力、对生活的感悟能力以及扎根未来的学习和探究能力。

"竹·风筝"是竹课程的一个活动案例，主要由"走进风筝的前世今生""画风筝""扎风筝""放风筝"四个部分组成。语文老师和学生品读风筝的历史与诗词，美术老师指导如何在风筝上作画，科学老师与学生探讨风筝的支架如何设计才能飞得稳，体育老师则示范如何放飞风筝……多门学科融合，使学生更全面、系统地了解风筝，在丰富的课程活动中开阔学生的阅读视野，提高学生的阅读能力。本次教学案例是"走进风筝的前世今生"部分。

【学情分析】

从四年级开始，班级学生便走进竹园，伴随竹叶的清香，深入竹海认真地观察竹子，写成一篇篇竹子观察笔记，了解了自然之竹。接着，学生们还走进生活，去发现生活中的竹制品，而风筝的支架离不开竹子。风筝是学生熟悉的事物，但是他们只把它当作一项娱乐活动，对于风筝的发展、制作比较陌生。

【教学目标】

（1）学习风筝的诗歌，了解风筝的样式和发展历程。

（2）培养学生的创造能力，提高学生的团队协作能力，激发学生热爱生活的感情。

【教学思路】

"竹·风筝"是多学科融合的课程：了解风筝的故事与文化、画出理想的风筝、用竹条扎制风筝、放飞风筝等，融合了语文、美术、科学、体育等多学科。本教学案例主要围绕的是第一部分——了解风筝的故事与文化。在这之前，学生已经深入大自然去了解了竹子，也在生活中找到了很多竹制品，但是学生没有集中在某一个竹制品上深入而系统地研究。放风筝是我们常见的娱乐活动，风筝的历史也是源远流长的。本课主要设计了四个环节：①分享生活中的竹制品，从而发现竹子与生活息息相关，引导学生关注风筝。②朗诵关于风筝的诗词，初步感悟历代文人笔下的风筝的发展与故事。③走进风筝的前世今生，系统地了解风筝的演变过程。④欣赏各种各样的风筝样式与内涵，激发深入了解与制作风筝的兴趣。

【教学设计】

教学设计概述

教学过程——环节（1）		
教学内容	分享生活中的竹制品	
教学目标	发现竹子与生活息息相关	
核心问题	生活中哪些东西是用竹子做成的	
问题解决	问题情境	解决策略
	①读苏轼的《记岭南竹》，你能用自己的话说一说它的意思吗？ ②你能找到身边的竹制品吗	①通过自由朗读、小组讨论、教师相机点拨，理解文意。 ②学生分享生活中的竹制品与故事
教学过程——环节（2）		
教学内容	朗诵关于风筝的诗词	
教学目标	通过诗词初步了解风筝的发展与故事	
核心问题	诗词中的风筝是怎样的	
问题解决	问题情境	解决策略
	①读《村居》，你能用自己的话把放风筝的画面描绘出来吗？ ②"纸鸢"与"风筝"是同样的事物吗	①通过朗读与注释，了解古诗的大意，并通过合理想象，鼓励学生用自己的话把《村居》描写的画面说出来。 ②通过资料的收集，分享"纸鸢"与"风筝"的区别
教学过程——环节（3）		
教学内容	走进风筝的前世今生	
教学目标	了解风筝的演变过程	
核心问题	风筝经历了哪些发展变化	
问题解决	问题情境	解决策略
	①风筝的制作材料有什么变化？ ②风筝的功用有什么发展	①通过分享收集的资料，形成风筝的发展脉络。 ②分享的形式多样，如讲故事、演故事等。 ③学生们互相交流补充

教学过程——环节（4）		
教学内容	欣赏各种各样的风筝样式与内涵	
教学目标	激发制作风筝的兴趣	
核心问题	了解风筝的样式	
问题解决	问题情境	解决策略
	①你了解北京传统的沙燕儿风筝吗？ ②你知道"世界风筝之都"是哪里吗？ ③你能猜出风筝表达的祝福和心愿吗	①通过观察图片欣赏不同样式的风筝。 ②学生想象潍坊风筝节的场景。 ③学生小组讨论，通过观察风筝的样式，猜测其所包含的祝福和心愿，并说出自己想设计怎样的风筝，激发制作风筝的兴趣

【教学实录】

师：（微笑地）同学们，这段时间以来，我们与大自然中的竹子为友，探索了许多关于竹子的秘密。我们还发现竹子与生活息息相关。其中，宋代大文学家苏轼就写过一篇文章，我们一起来看看吧！（幻灯片展示苏轼的《记岭南竹》）

师：请同学们自由朗读这篇文章，把字音读准了，遇见不会读的字，可以问一问同学或者老师。（学生自由朗读，教师巡视相机点拨）

（学生的朗读声渐渐停止）

师：谁来尝试读第一句？

（学生踊跃举手）

师：看来朗读难不倒你们呀！（指名一学生回答）

生：岭南人，当有愧于竹。（读得有点拘谨）

师：（俯身摸摸她的头）你的发音特别准确，真了不起！（拍拍她的肩）你知道"愧"是什么意思吗？

生：应该是感到惭愧。

师：（竖起大拇指）说得真好！请你再读一遍这一句吧，自信一些！

生：岭南人，当有愧于竹。（声音更响亮了）

师：这一次读得有进步了，以后也要自信地表达自己哦！（拍拍肩膀示意坐下）为什么苏轼会这么说呢？

生：（叽叽喳喳发言）因为生活中有太多东西都是竹子做成的……

师：（微笑地看着学生们的踊跃发言，然后示意学生安静下来）谁接下来读一读，并说说文章都列举了哪些事例。

生：食者竹笋。也就是竹笋可以供我们吃。竹笋味道鲜甜，可好吃了！（不由自主地咽口水，学生们哈哈大笑）

师：看来是一枚"小吃货"呀！每当立春过后，雨后春笋便冒出土壤，成了人们餐桌上的一道时令美食。

生1：庇者竹瓦。我们盖房子也需要用到竹子，我见过一些竹子做成的房子，能够庇护人们不受风吹雨打。

生2：载者竹筏。乘着竹筏在宁静的小河里畅游，真是太舒畅了！

生3：爨者竹薪。

［学生站起来，请教老师第一个字的念法，老师点拨，爨（cuàn），并把拼音写在黑板上］

生3：爨者竹薪。（发音准确，但是没有继续拓展）

师：是不能理解这四个字，对吗？（学生点点头）我们一起来帮帮他吧！有一个成语叫"杯水车薪"，你们听说过吗？（学生点点头）它的意思是用一杯水去救一车着了火的柴草，比喻力量太小，解决不了问题。成语中的"薪"是什么意思呢？

生：（齐声）柴草。

师：是的，这里的"竹薪"也是一样的意思，用竹子做烧火的柴草。（转头向着刚才读本句话的学生）你能猜到"爨"的意思吗？

生：应该是"烧火做饭"吧？（有点不确定）

师：（及时地、欣喜地肯定）你能够联系上下文准确地说出一个不熟悉的字的意思，这是一个非常好的学习方法！（学生们纷纷给予掌声，该学生在掌声中坐下，面带自豪的笑）

生：衣者竹皮。原来穿的衣服也有用到竹子，让我想起了"青箬笠，绿蓑衣"。

生：（齐接下一句）斜风细雨不须归。

师：是的，你还能联系学过的古诗词，真不错！

生1：书者竹纸。我们写字要用到竹子，我们最初是在竹简上写字的。

生2：履者竹鞋。我们穿的鞋子也有用竹子做成的。我知道有个成语叫"削足适履"。

师：（微笑地表示赞许）是呀！竹子真可谓和我们的生活息息相关，你还能像苏轼这样说一说竹子的用途吗？（板书：_____者_____）

生1：坐者竹椅。

生2：擦汗者竹纸巾。

生3：装者竹筐。

生4：挠痒痒者不求人。

（全班哄堂大笑，老师也跟着笑）

师：真有意思！苏轼当年一定没想到竹子的功用还有这么多！所以他最后发出了感慨，我们一起读！

生：（齐读）"真可谓一日不可无此君也耶？"

师：有的同学带来了生活中的竹制品，我们一起来听听他们与竹子的故事吧！

生：（拿出一根竹扁担）这是奶奶家的竹扁担，这根扁担是用半根竹子做成的，将那半根竹子刻上一道缺口就可以挑东西了。每次奶奶来深圳，就会用这根扁担挑来许多美食，如老家种的菜或者老家的土特产之类的。

师：竹子还连接着浓浓的亲情，谢谢你的分享。

生：（手里拿着一枚书签）这是竹书签，它是用竹子雕刻出来的，上面雕刻着栩栩如生的梅花，在精雕细琢中，那朵蜡梅像在迎着风雪，顽强地盛开。仔细看，竹子的表面有竖条纹，有宽有窄，参差不齐。下面的波浪纹，花纹细腻，既精致又奇特。它可以帮助我们快速找到之前看的页数。看书的时候，我喜欢一边津津有味地看书，一边在手里摆弄精美的书签。书签是我看书时的好朋友，带着我畅游书海。

师：真喜欢听你的分享，把书签的样子与用途都说得很清楚。

生：（坐在竹椅子上面）这是我家的竹椅，它已经12岁了，比我还大，它陪伴着我成长，我总爱坐在这把竹椅上弹琴，喜欢围着它跳舞，坐在竹椅上靠着妈妈的腿听故事。

师：这把竹椅见证了你成长的每一个瞬间啊，像一位好朋友。

师：有一种我们都喜欢的竹制品玩具，我出了一个谜语。（指名读）

生：天上一只鸟，用线拴得牢，不怕大风吹，就怕细雨飘。

师：知道谜底的请举手。

生：（全班都把手举起来）风筝！

师：关于风筝的诗歌有许多，我们曾学过清代高鼎的《村居》。我们一起回顾一下吧！

（学生齐读）

师：让我们一起来关注后两句诗，谁来用自己的话说一说古诗后两句的意思？

生：小朋友们很早放学了，就趁着春风放风筝。

师：你把诗句中的"纸鸢"直接说成"风筝"，纸鸢就是我们今天说的风筝吗？为什么那时候它叫作纸鸢呢？

生：有人在纸鸢上加了笛子，风一吹，就会发出像古筝一样的声音，这才正式改名为"风筝"。

师：你们对风筝的了解真不少！我们班上有几个风筝迷，他们查阅了许多关于风筝的历史，让我们跟随他们走进风筝的前世今生吧！

生1：（手拿着"木鹞"，自信地走上台）据说风筝起源于中国，最早的风筝是由春秋战国时期的哲学家墨子制造的。墨子"斫木为鹞，三年而成，飞一日而败"。墨子制造的这只"木鹞"就是中国最早的风筝，但是它飞一天就坏了。

师：看来风筝的起源可以追溯到很久远的春秋战国时期呀，那后来又经过了什么样的发展呢？

生2：用木头做成的木鹞飞不远，也容易坏，能工巧匠鲁班根据前人理念和设计，"削竹木以为鹊，成而飞之，三日不下"。鲁班先把竹子劈开，削光滑，再用火烤弯曲，做成了喜鹊的样子，在空中飞翔了三天之久！后来，鲁班不断改良风筝，据说还"尝为木鸢，乘之以窥宋城"。乘着木鸢窥探宋城的情况，在战争中承担侦察的任务。在山东潍坊风筝博物馆前有一座鲁班的雕塑，鲁班被奉为"风筝始祖"。

师：看来最初的风筝可以做得很大，还能载着人去侦察敌情。

生3：风筝起初以木头和竹子为原材料。东汉时，因蔡伦改进了造纸术而开始用纸裱糊，这样就大大减轻了风筝的重量，使风筝能飞得更久。因此有了一个好听的名字——纸鸢。再后来，有人在纸鸢上加了笛子，风一吹，就会发出像古筝一样的声音，这才正式改名为"风筝"，并流传至今。

师：风筝的制作材料得到了大大的改善，开始慢慢地走进百姓生活。

生4：蔡伦改良后的风筝和我们现在的风筝很相似，但它最初的作用并不是用于娱乐活动。风筝问世后，很快被用于测量、通信、飞跃险阻等军事需要。在南朝时，发生了"侯景之乱"，梁武帝被侯景围困，城墙被包围，内外断绝。当时太子简文就在太极殿外放风筝求救，不幸被叛军发觉并射落，不久建康（今江苏南京）沦陷，梁武帝饿死，梁朝从此也衰微灭亡。

师：如果那只风筝没有被射落，说不定历史可以改写了。（学生们笑）

生5：从唐代开始，风筝渐渐转化为娱乐用途。清明时节，老百姓将风筝放高放远，然后把线割断，让风筝带走一年的霉运。有民俗学家认为，鬼门关会在清明时节短暂开放，所以放飞风筝能把情意传递给死去的亲友。

师：在《红楼梦》中，宝玉与姑娘们一起放风筝，最后剪断风筝的线，也就是"放晦气"，祈祷未来一切平安顺意。

生6：现在，放风筝是很多人喜欢的一种娱乐。但是风筝还可以用来发电。用风筝发电有以下几个优点：第一，它的噪声很低；第二，它的占地面积很小，风车的占地面积为200～300平方米，大概是我们学校操场那么大，而风筝的占地面积为3～5平方米，大约是卫生间那么大，它发出的电比风车高了3～3.5倍，而且它是抽取高层的风来发电，相比之下，它的工作效率要比风车高。

师：经过时代的发展，风筝也有了新的作用与意义。感谢这几位同学，带着我们从历史的长河中一路走来，了解了风筝的大致发展历程。让我们把掌声送给他们！

师：同学们，你们是哪一年出生的呢？

生：2008年。

生：我是2009年的。

师：2008年是值得我们中国人骄傲的一年，因为奥运会在我们的首都北京举行！这五个福娃你们认识吗？它们分别是谁？

（幻灯片出示奥运五福娃的图片）

生：（齐念）贝贝、晶晶、欢欢、莹莹、妮妮。

师：它的谐音是什么？

生：北京欢迎你！

师：仔细观察，看看哪个福娃的设计灵感来自风筝？

生：应该是妮妮，它像是一只展翅飞翔的小燕子，自由自在地在天空飞翔着。

师：没错，福娃妮妮的造型创意来自北京传统的沙燕儿风筝，它的造型主要分为雏燕、瘦燕、半瘦燕和比翼燕。看，这是1980年5月10日邮电部发行的"风筝"特种邮票，全套四枚。你最喜欢哪一只风筝呢？

生1：我最喜欢雏燕，它像一个"大胖小子"。它的眉梢上挑，两眼有神，再加上一对剪刀似的尾巴，比真正的小燕子还要可爱！

生2：我喜欢瘦燕，就像一位亭亭玉立、苗条秀美的少女。

生3：我喜欢半瘦燕，就像一位青年男子，充满着勃勃生机。

生4：我喜欢比翼燕，就像两个恩爱的人相拥在一起，比翼双飞。

师：你们的观察真细致，把沙燕儿风筝的神态都描绘出来了。其实除了北京的传统风筝之外，风筝制作还有了许多创新，运用了许多新材料、新工艺，造型也更加丰富多样！山东潍坊是"世界风筝之都"，每年4月的第三个周六在潍坊举行风筝节。风筝还表达着我们的祝福和心愿，看看这些飞上天空的风筝，猜猜它们表达的祝福和心愿是什么吧！

（教师展示不同风筝的造型，学生说出它们包含的祝福和心愿）

生：这是寿桃风筝，包含的祝福是福如东海、寿比南山。

生：蝙蝠风筝应该是祈祷福运降临。

师：是的，有着两千多年历史的风筝，一直融入在中国传统文化之中。在传统的中国风筝中，随处可见这种吉祥寓意，表达了人们对美好生活的向往与憧憬，如福寿双全、四季平安、龙凤呈祥等。

师：你们是否很想设计出表达心愿的风筝呢？下一节课由美术老师带领同学们画出理想的风筝，接下来再由科学老师教大家如何扎制一只风筝，好吗？

（学生们欢呼雀跃）

师：这一节课，我们了解了风筝的发展历程与故事，还看到了许许多多包含着美好祝福的风筝，期待同学们亲手设计与制作的风筝飞扬在天空。下课！

【教学反思】

本节课是"竹·风筝"活动的第一部分,以了解为主,但是形式多样。学生们能够走进文学作品中去了解,也能深入生活中去发现,将学到的知识与生活连接。在展示过程中,主要以学生的分享为主,把讲台还给学生,教师做适当的引导即可。但本课堂对学生的深入思考缺乏引导,了解只停留在表面,泛泛而谈。如果能设定一个具有辩论或深入思考价值的话题,就能把"教""学""思"很好地融合起来,使学生更加受益,这样,或许课堂会更加丰满。

"我的动物朋友"项目学习课程案例

深圳市莲南小学 刘欣雨

【内容定位】

2019年9月,莲南小学引进全课程项目,在一年级四个班开始了"全课程项目学习实验",冯永校长选择了一批年富力强的教师担任实验教师,并给予实验班各项设施大力支持。

一年来,实验班在完成统编版语文教材之外,每学期还完成两个项目学习主题。通过主题项目学习,学生们不仅围绕主题阅读大量的绘本、故事,还阅读了古诗和古文,阅读量成倍增长,阅读水平、表达能力和思维品质明显超过非实验班级。

"我的动物朋友"是一年级上学期六个项目学习中的第四个项目。秉承全课程"发现世界,了解世界,从而认识自己"的教育理念,该项目着重让学生学习如何去观察动物、了解动物,在自然中阅读,阅读大自然的神奇与美好,体现了莲南小学自然教育的办学哲学。

【学情分析】

对于参与全课程实验的孩子而言,他们更会读书,更善于思考,更充满对世界的好奇，更有探索生活的热情。他们要自信、乐观，要敢于表达、善于表达，要具有关注自我成长的意识。所以，孩子需要海量阅读，大量实践，从而认识世界、了解世界。每一次对世界的发现，都是孩子自我定位的过程。对世界的了解越多，孩子对自身的定位就越精准，最终完整地认识了自己；对世界了解越多，孩子越能激发兴趣，了解世界就会越深入，孩子也就越向往，从而孩子就拥有了梦想。了解世界、认识自己、拥有梦想，就是全课程教育理念对孩子最大的期望。

【教学目标】

语文能力目标：

（1）有兴趣进行长文阅读挑战。

（2）有自主识字能力。

（3）对认字越来越有兴趣，并能写出工整的字。

（4）能兴致勃勃地进行动物研究，并完成研究报告。

全课程人文目标：

（1）能够大体了解鸟类、昆虫类、哺乳动物类的基本特点。

（2）能够了解动物和人类的关系，并能尊重动物。

（3）能够在生活中关心动物的生活，做力所能及的事情。

4C目标：

（1）批判性思维：能独立思考，能表达自己的观点，能提出自己的问题。

（2）沟通能力：在课上能与老师交流。

（3）合作：能和其他同学一起合作完成任务。

（4）创造力：能发挥自己的想象力，通过写绘表达出来。

【教学思路】

"我的动物朋友"共四个部分、三个单元，分别是：

（1）开启诗。

（2）第一单元：动物王国趣事多。

（3）第二单元：我的动物朋友。

（4）第三单元：有趣的十二生肖。

"我的动物朋友"课程由宏观到微观带领孩子们走进动物王国，由现实世界的动物到中国与动物相关的文化，是由远及近、由浅入深的。

开启诗告诉了孩子们这样一个道理：在这个世界上，生命的形式有很多，不管是弱小还是强大，本质都没有区别。在这样的开启诗中，首先让孩子们认识到"我们的生命都一样重要"，激发他们对生命的尊重和热爱。在这本书中，最重要的原则就是要尊重动物，尊重的前提就是理解。

第一单元"动物王国趣事多"是从有趣的角度让孩子们走进动物王国，认识动物王国。第一课《比尾巴》打开了动物王国的一扇窗，通过聚焦动物尾巴这一身体部分，让孩子们发现，不同动物的身体结构是不同的。除了形态上的差异外，不同的身体结构也意味着可以给动物带来不同的"特殊技能"，绘本《这样的尾巴可以做什么？》详细地为孩子们介绍了不同尾巴的作用。《谁会飞》为孩子们展示了海、陆、空三种生活环境下，动物们行动方式上的差异。《鸭子？兔子？》通过故事让孩子们明白从不同的角度观察到的事物是不同的，答案完全取决于观察的角度。而争辩往往是因为双方立场和观察角度不同，这样的思维拓展也能为孩子们观察和研究动物提供不同的角度。《蝴蝶姑娘嫁丈夫》用新奇有趣的故事内容让孩子们了解了什么是昆虫以及昆虫有哪些特点。

蝴蝶姑娘的宝宝——《好饿的毛毛虫》讲述了一个化蝶的过程，同时也告诉孩子们一个简单的道理：只有不断努力，才能成就更美好的自己。在《青蛙写诗》中孩子们接触到了两栖动物这一种类，同样重要的是孩子们接触到了标点符号及其使用方法。最后，在绘本《地下100层的房子》里孩子们了解到在地下生活的动物们的种类和特点。

第二单元聚焦到一种动物类别上，每课都为孩子们详细介绍动物王国中的一种动物朋友，学习与探究更加深入。除了关于动物的科普类知识以外，这一单元旨在为孩子们展现一个多角度、多方位融合的动物世界，并让孩子们能根据动物身上的特性去思考，与动物亦友亦师，在我们从小动物身上挖掘到的精神特性中学习自己对待自然与生命的态度。

在《小鱼》这一课中，可以让孩子们展开天马行空的想象力，想象小鱼的生活环境，并结合科学知识探讨不同种类动物不同的生活方式。在绘本《我想养个宠物》中，让孩子们学会如何与动物相处，在拥有宠物之后，要有责任心并学会照顾和陪伴自己的宠物。

小诗《蜗牛》不但为孩子们展示了蜗牛虽慢、虽小，但是坚韧、乐观的形象，也让孩子们以自居的方式，体会到坚持、乐观、自得其乐的蜗牛精神。故事《世界上最大的房子》为我们带来"大"与"小"的思考，故事阐明了这样一个道理："最大的不一定是最好的，而适合自己的才是最好的。"在这个故事中，小蜗牛听完爸爸讲述的故事以后主动去行动，也是在启发孩子们，在理解故事之后，不但要有思考，还要有所行动。

《画鸡》为孩子们展示了古人在观察动物后，为动物的形态及其身上的独特品质所创作的诗歌。从中孩子们可以了解到鸡的外貌特征，也可以感受到这种动物身上所蕴含的"不鸣则已，一鸣惊人"的精神特征。同时诗歌是诗人意志与抱负的表达，让孩子们明白任何作品都不是随意涂抹完成的，都是在表达创作人的意志、信念、思想与愿望的，同时启发孩子在创作自己的作品时，也要认真对待，摒弃敷衍。

在《什么飞过青又青》中，孩子们认识了鸟类及不同鸟儿的特点，还可以通过仿写学习一问一答的文学形式。进行到绘本《晚安，大猩猩》时，孩子们已经与动物成了朋友，孩子们可以在故事的拓展之下，和大家分享自己与动物之间的趣事，在分享中去感受动物为我们的生活带来的惊喜。

第三单元是从中国传统文化的角度来了解动物背后的精神符号，同时着眼点落到了孩子自身的生命上。第一课《十二生肖歌》与绘本《十二生肖谁第一》都是让孩子了解我们中国独特的十二生肖文化，并让孩子找到自己的生肖属性，这是让孩子去寻找和了解自己生命特质的过程。

《颠倒歌》是在孩子们足够了解动物特性后，鼓励他们进行诗歌创作的范例文本。自然界中事物的颠倒在孩子们童真的世界里是新奇而有趣的，这样的诗歌创编既激发了孩子们的创作兴趣与想象力，也让孩子们在这种模仿创作中自然而然地学习到了创编诗歌的方法。

《老鼠嫁女》介绍了一则中国汉族的民间传说，让孩子们了解中国传统的民俗文化。《龙的传人》这一课则让孩子们了解"龙"这一符号在中国文化中的内涵及其衍生出的节日和习俗。龙是中国一种独特的文化的凝聚与积淀，已经深藏于我们每个人的潜意识里，它象征着一种精神，是一个民族的图腾。作为华夏子孙，中国魂的塑造必定要追根溯源，传承最古老的信念。《火龙》这个绘本告诉我们善良的本质，可以落到孩子生命里，引导孩子去发现自己生命特质中的闪光点，也就是拥有一颗"神龙心"。较长的故事文本，也可以带着孩子一起梳理故事的结构，初步引导孩子去创编属于自己的故事。

最后一课《三只小猪》是为期末大剧做铺垫的剧本，剧本的内容可以根据孩子的特质以及教师的考量进行修改和调整，但其理念和作用应是链接整个动物课程，也就是将动物课程落实到孩子们生命的当下，在动物课程的依托下让孩子的生命绽放精彩。

【教学设计】

教学设计概述

第一单元：动物王国趣事多	
单元目标	（1）激发对动物世界的兴趣。 （2）了解动物的基本类别，大体了解各类动物的基本特点。 （3）建立理解动物、尊重动物的意识
1.开启诗（尊重动物）	（1）认识了解地球上不同的生命形式，让孩子们发现不同的生命原来同我们一样，由妈妈孕育出生，一样吃饭睡觉，一样拥有家人，与我们的生命轨迹相同。读一读开启诗，开始探寻缤纷多彩的动物世界。 （2）思考与写绘：画出对"生命就是生命"的理解（批判）
2.《比尾巴》（不同动物的身体结构）	（1）绘本故事：《这样的尾巴可以做什么？》。（不同尾巴的作用）了解不同动物的身体结构和不同尾巴的作用。 （2）思考与写绘：假如你有一条尾巴，你想要一条什么样的尾巴（创造）
3.《谁会飞》（海、陆、空动物行动方式）	绘本故事：《鸭子？兔子？》。（不同的观察角度看问题）（沟通）
4.《蝴蝶姑娘嫁丈夫》（什么是昆虫，昆虫的特点）	（1）绘本故事：《好饿的毛毛虫》。（化蝶，努力成为更好的自己） （2）思考与写绘：分小组为蝴蝶姑娘设计一场婚礼（创造、合作、沟通）
5.《青蛙写诗》（两栖类&标点符号）	绘本故事：《地下100层的房子》。（地下生活的动物们的种类和特点） 活动： （1）认识切叶蚁（看视频做记录），尊重的前提是了解。 （2）选择一种动物做调查，自己制作PPT进行演讲。（批判、创造、沟通） （3）小小书法家。 （4）昆虫类、鸟类、爬行两栖类讲解记录

第二单元：我的动物朋友	
单元目标	根据动物身上的特性去思考，从小动物身上的精神特性中学习对待自然与生命的态度
1.《小鱼》（鱼类的生活方式）	绘本故事：《我想养只宠物》（如何与动物相处）。（批判）以恒温和变温为标准重新认识动物类别
2.《蜗牛》（坚韧、乐观、自得其乐的蜗牛精神）	绘本故事：《世界上最大的房子》（最大的不一定是最好的，而适合自己的才是最好的）
3.《画鸡》（鸡的外貌特征＆不鸣则已，一鸣惊人）	（1）绘本故事：《要是你给老鼠吃饼干》。 （2）了解唐伯虎生平，为孩子们讲解"借诗识人，托物言志"的意义，并在记录本记录这些知识。 （3）思考与写绘：画出自己想象中的公鸡（创造）
4.《什么飞过青又青》（鸟类及不同鸟儿的特点）	绘本故事：《晚安，大猩猩》。（感受动物为我们生活带来的惊喜） 详细介绍几种鸟类：鸽子"和平鸽"背后的故事，燕子筑巢等。 活动： （1）小壁虎借尾巴长文阅读挑战。 （2）小壁虎借尾巴分组表演。（沟通、合作） （3）继续动物演讲与记录。（沟通、创造） （4）打开幻想之门，介绍神奇动物。 （5）创造自己的神奇动物（创造）
第三单元：有趣的十二生肖	
单元目标	从中国传统文化的角度来了解动物背后的精神符号，同时着眼点落到孩子自身的生命上
1.《二生肖歌》（了解十二生肖及其特征）	（1）绘本故事：《十二生肖谁第一》。（了解十二生肖背后的故事） （2）介绍十二地支，学习十二生肖甲骨文。 （3）将文章分成十段，小组合作按顺序拼好，贴完小组并画张配图，然后两人一组讲述一遍故事，再将十二生肖的甲骨文按顺序贴好（沟通、创造、合作）
2.《颠倒歌》（了解动物特性后进行诗歌创作）（创造）	绘本故事：《老鼠嫁女》（传统民俗）
3.龙的民俗（了解龙的文化内涵）	（1）绘本故事：《火龙》。（发现生命特质的闪光点） （2）详细介绍龙的传说与龙的民俗，学习神龙精神，学唱《龙的传人》。 （3）思考：通过了解龙的文化和民俗，你觉得人们相信神龙可以给国家、人民、生活带来什么？（批判、反思） （4）写绘：《火龙》故事续写（创造）

续 表

第三单元：有趣的十二生肖	
4.期末剧（孩子成为故事本身）	活动： （1）"我们的世界，我们的生活"主题课。 （2）通过绘本《观察者》导入生态环境现状，呼吁保护生态、保护动物。（批判） （3）分享自己创造的神奇动物。（沟通） （4）结课仪式

【教学实录】

"我们的世界，我们的生活"主题课：《我与大自然有个约会》。

内容：绘本《观察者——珍·古道尔和黑猩猩一起的生活》。

活动：蚂蚁观察。

（师讲解绘本）

师：老师给大家讲个关于珍·古道尔和黑猩猩的故事。

师：珍！你在哪儿啊？你听到了吗？小瓦莱丽·珍·古道尔不见了！所有人都在找她！

师：同学们猜猜她在哪？看图！她在鸡舍里！她奔向妈妈，边跑边喊："我知道鸡蛋是从哪里来的啦！"珍只有5岁，但她已经是一位观察者了！

师：珍观察身边的一切动物，不论大小，有蚯蚓、昆虫、鸟、猫、狗等，同学们，你们观察过哪些动物啊？

生：我们观察过鱼、青蛙、鸟，还有大象！

师：哇！你们观察的真多，让我们来看看珍这次观察了什么动物。珍静静地在窗前观察一只英格兰知更鸟。观察了好几天，好几个星期，看着它挨近一些，又挨近一些，最后进到房间里啄她床上的面包渣。春天来了，这只小鸟还在珍的书架上筑了巢！

师：珍喜欢坐在高高的山毛榉上读书，她读到杜立德医生能和动物说话，泰山在非洲和猩猩一起生活。珍也想去非洲，想和动物说话，想和大猩猩一起生活。

师：珍毕业了！为了攒去肯尼亚的船票，珍去打工，她把挣来的钱藏在了客厅的沙发底下。

师：轮船在大海中航行，珍站在甲板上，迎着扑面的寒风，她望着海浪深浅不一的蓝色和绿色，鱼儿在幽暗的海水里闪闪发光。珍在船上还在持续观察动物呢！

师：船靠岸了，终于踏上了非洲的土地，珍非常兴奋，她想找一个和动物有关的工作。

师：著名人类学家路易斯博士正在找人观察黑猩猩，进一步了解这种跟人类相似的动物，同学们，你们觉得珍有兴趣吗？

生：当然有！她就是想研究黑猩猩！

师：你们说得对！珍可开心啦！珍来到坦桑尼亚，来到黑猩猩生活的贡贝地区。"我想要知道别人不知道的东西，揭开一些秘密。"珍写道。

师：在没有人烟的地方，她扎了营。第一夜，珍毫无睡意，她听着四周新奇的声音。同学们，你们觉得有哪些声音？

生：青蛙！蟋蟀！猫！……

师：你们说对了一大半！除了这些小动物以外，森林里还有些危险的动物，如鬣狗、猫头鹰等，但是珍不害怕，她觉得这里才是她的家。

师：黎明时，珍走进森林，爬上山顶眺望。每天她都要寻找黑猩猩。但是她能听到声音，却见不到它们。

师：珍走下山，盼望着黑猩猩能出现，可是谨慎的黑猩猩一直躲在暗处，悄悄观察珍。珍想：什么时候才能见到黑猩猩呢？

师：不久，珍得了疟疾，发着烧的珍似乎不抱什么希望了，但是病一好，她又开始寻找黑猩猩了。

师：终于，黑猩猩让珍看到了它们，珍就在黑猩猩边上，装作不在意，也不躲起来，暗中观察。

师：之后的每一天，珍都在观察黑猩猩，下雨天她就蹲在雨地里观察，她观察到黑猩猩不怕雨，并不像人类一样避雨，她想把一切都记录下来。"想要了解动物，你必须要有耐心！"珍写道。

师：有时候，珍就在山顶过夜，黎明时，她看到黑猩猩慢慢起身，待上一小会儿，然后去觅食。

师：珍给每一只黑猩猩都取了名字，对她来说，每只黑猩猩都不一样，就和人一样。第一个接近珍的是一只长着黑胡子的猩猩，珍给他取名叫大卫。"大卫从我手上拿香蕉，从来都不抢，非常温和。"珍写道。

师：黑胡子大卫让珍靠近，珍观察到它把树枝做成工具，用来钓白蚁。之前人们可一直都不知道动物会使用工具。

师：珍观察到黑猩猩吃肉，人们一直以为黑猩猩只吃植物。

师：因为大卫信任她，别的黑猩猩也让珍靠近。"黑猩猩围着我，多么美好的一天啊！"珍写道。

师：黑猩猩高兴的时候，珍观察它们，看到它们拉手、亲吻，就和人一样。

师：黑猩猩生气时，毛发竖起，珍也在观察它们。珍看到它们做出凶狠的样子，就赶快躲到一旁。

师：在康贝卡瀑布，珍看到黑猩猩跳跃，荡来荡去，惊奇不已。

师：晚上，珍在用笔记录一天的猩猩活动，多年来笔记堆得高高的，珍需要帮忙，于是助手来了，帮她做好观察记录。

师：但是，有一天，森林遭到了砍伐，黑猩猩失去了自己的家园。偷猎者射杀成年猩猩，把它们的孩子卖给马戏团、实验室或者卖给私人当宠物。

师：珍心爱的黑猩猩都死了，珍需要为它们呼吁。

师：珍到世界各地，呼吁大家拯救黑猩猩，保护森林，月复一月，年复一年。

师：珍像杜立德医生一样和动物交谈，像泰山一样无所畏惧，她观察着、记录着，为我们打开了一扇窗，向我们展示了黑猩猩的世界。

师：同学们听了这个故事，你们有什么想法？

生：黑猩猩太可怜了，我们要保护它们！

师：对，你非常有责任感，下面就请大家完成一项作业，观察蚂蚁，这周日大家去野外观察蚂蚁，并像珍一样做好观察记录。

【教学反思】

听了《观察者——珍·古道尔和黑猩猩一起的生活》绘本，孩子们都很敬佩珍·古道尔三十年如一日地观察大猩猩，收集了许多一手资料，并通过宣讲亲身经历来告诉人们保护大自然、保护野生动物的生存环境。孩子们在周末和爸爸妈妈一起，也当一名小小观察者，观察自然界的大力士小蚂蚁。

蚂蚁可不容易观察，有的孩子找了几个小时，蚂蚁都没有出现。于是孩子们开始研究，蚂蚁喜欢吃什么呢？甜的饼干？还是蔬菜？或是其他东西？

孩子们做了尝试，于是蚂蚁终于出来啦！孩子们发现，蚂蚁发现食物后奔走相告，互碰触角传递信息。第一个发现食物的蚂蚁在返回蚁巢时，会在沿途留下一些气味。这是一种叫作"路标信息素"的分泌物，被动员出来的蚂蚁闻到这些气味，就会顺着这个特殊路标找到食物，并把食物搬回蚁巢。

通过这次观察活动，孩子们都收获颇丰。当一名小观察者不仅要有耐心，还要坚持不懈，遇到困难不气馁。科学的观察不是一朝一夕就能完成的，而小蚂蚁们展示出的团结协作和智慧也让孩子们大开眼界。

通过"我的动物朋友"项目课程的学习，孩子们看了电影《九色鹿》，学习了绘本《观察者——珍·古道尔和黑猩猩一起的生活》，还改编了儿歌《蝴蝶姑娘嫁丈夫》。通过系列学习，孩子们学会了关心和照顾动物，了解了怎样和动物交朋友，让动物体会到我们的爱心。我们和动物都生活在地球上，我们应该爱护动物，保护它们，一起和谐生存。

国内大量的全课程实验证明：学习全课程的孩子更会读书，更善于思考，更充满对世界的好奇，更有探索生活的热情，他们自信、乐观、敢于表达、善于表达，具有关注自我成长的意识，因此也更能在未来的考试中获得理想的成绩。

全课程是在严格遵照国家课程标准，保质保量使用国家现行教材之下的语文教学方式变革。它改变了传统语文教学机械训练、碎片化阅读和与生活相割裂的弊端，采用当前被教育部大力提倡的主题学习、项目学习、跨学科整合等学习方式，提高读写的量与质，让语文学习丰厚、饱满、高效，从而实现全面提升孩子语文综合素养的目标。